세상에 대하여 우리가
더잘 알아야 할 교양
㉑

지은이 | 옮긴이 | 감수자 소개

지은이 케이 스티어만
인권, 소수자, 보건, 개발, 소비자 권리 등과 관련된 분야의 여러 국제기관에서 일해 왔습니다. 역사와 사회적 사안들에 관해 어린이와 청소년들이 쉽게 접할 수 있는 책을 다수 저술했으며 저서로는 《노숙자》《군사 개입》 등이 있습니다.

옮긴이 장희재
서울대학교 지구환경시스템공학과를 졸업한 뒤 코넬대학교에서 도시 및 지역 설계학을 공부했습니다. 인문사회 분야의 책을 즐겨 읽으며 현재는 출판기획 및 전문번역가로 활동 중입니다. 주요 역서로는 《인간이 고안한 물건들》《그들이 가진 행복지표》 등이 있습니다.

감수자 권복규
서울대학교 의과대학을 졸업하고 동 대학원에서 의학 박사 학위를 취득했습니다. 현재 이화여자대학교 의학전문대학원 교수로 학생들을 가르치고 있습니다. 한편 같은 대학에서 철학, 법학 등을 가르치는 교수들과 함께 첨단 생명 과학의 윤리와 규제 문제를 연구하는 '이화 생명의료법연구소'를 만들어 운영하고 있습니다.

세상에 대하여 우리가 더 잘 알아야 할 교양

케이 스티어만 글 | 장희재 옮김 | 권복규 감수

21

안락사
허용해야 할까?

내인생의책

차례

감수자의 말 - 6

들어가며: 사례로 보는 안락사 - 8

1. 안락사란 무엇일까요? - 13

2. 의료 윤리와 안락사 - 27

3. 안락사를 규제해야 할까요? - 47

4. 수명 연장이 안락사에 미치는 영향 - 61

5. 안락사의 악용 - 75

6. 안락사가 존엄한 죽음을 보장할까요? - 85

7. 오늘날 안락사를 어떻게 바라봐야 할까요? - 95

용어 설명 - 108

연표 - 111

더 알아보기 - 113

찾아보기 - 114

※ 본문의 **굵은 글씨**로 표시된 단어는 108쪽 용어 설명에서 찾아보세요.

| 감수자의 말 |

　죽음은 사람들이 쉽게 생각하기 어려운 대표적인 주제입니다. 그중에서도 '안락사'라 함은 매우 어렵고 딱딱한 주제라고 생각하기 쉽습니다. 특히 청소년들에게는 더욱 그렇지요. 하지만 오늘날과 같이 메마른 도시 생활 속에서 생명의 소중함에 대해 직접적으로 느낄 기회가 별로 없고, 학업 스트레스와 학교 폭력 때문에 쉽게 목숨을 포기하는 청소년들이 있는 시대에서는 오히려 죽음에 대한 생각이 삶의 소중함을 깨닫게 할 수 있습니다. 청소년기는 특히 삶과 죽음, 자신의 정체성에 대해 고민이 많은 시기입니다. 단지 많은 지식을 쌓고 체력을 단련할 뿐 아니라 자신의 삶의 의미와 좌표를 어떻게 설정해야 할지에 대한 노력이 요구되는 시기이지요. 삶은 무의미하고 가치 없는 것이 결코 아니에요. 지상의 삶이 그만큼 소중하기 때문에 안락사 문제를 고민하는 것입니다. 현대 의학의 발전은 사람이 이 세상을 떠나는 것을 더 어렵게 만들었어요. 안락사에 대한 고민은 역설적으로 죽음이 예전처럼 쉬운 일이 아니기 때문에 생긴 것이지요.

　이 책의 장점은 안락사를 둘러싼 매우 다양한 논의를 동서고금의 여러 예를 활용하여 재미있게 제시하며 풍부한 정보를 담고 있다는 것입니다. 안락사는 단지 간단한 찬반의 문제가 아니라 여러 문화와 시대 속에서 수많은 함의를 담고 있는 복잡한 쟁점이에요. '안락사'라는 단어 하나로는 이러한 풍부한 이야기를 다 담아내기 어렵습니다. 우리가 논의를 위해 편의상 안락사라는 단어를 사용하고는 있으나, 대상, 문화,

종교, 법률과 제도에 따라 안락사는 매우 다양한 의미가 있음을 이 책을 읽는 독자들이 알게 되기를 바랍니다. 흔히 지적이고 똑똑한 사람들은 세상을 한 가지 논리로 쉽게 재단하는 경향이 있어요. 그러나 삶과 죽음의 문제는 단순한 논리, 철학, 종교 한 가지로 결정될 수 있는 것이 아닙니다. 특히 현대 사회와 같이 다양한 가치들이 서로 경쟁하는 다원화된 사회에서는 더욱 그렇지요. 수많은 이야기와 정보를 통해 우리는 깊은 사고의 근거를 얻을 수 있어요. 이러한 어려운 문제를 해결하는 데는 논리적 사고뿐 아니라 다양한 환경 속에서 살아가는 사람을 이해하는 지혜가 중요하다는 것을 이 책은 우리에게 상기시켜 줍니다.

이 책은 현대의 안락사, 또는 연명 치료 중단과 관련된 여러 쟁점을 청소년들이 읽을 수 있는 쉬운 문체로 잘 담아냈고, 여전히 혼란스러운 용어들도 정리를 잘 해놓았습니다. 우리나라에서도 2009년 소위 김 할머니 사건 이후 안락사에 대한 많은 사회적 논의가 있었어요. 제도적인 정리는 어느 정도 이루어졌지만 실제 병원 환경에서 안락사는 여전히 해결이 어려운 문제예요. 우리가 결코 피할 수 없는 이 쟁점을 윤리적이고 타당한 방식으로 해결하기 위해서는 사려 깊은 사회적 논의가 필수적입니다. 이 책을 통해 그러한 논의가 이루어지는 단초를 우리 사회에서 만들어 낼 수 있다면 그것은 우리 한국 사회를 한층 더 높은 수준으로 발전시킬 거예요. 또한, 이 책을 읽는 청소년들이 단지 지적인 논의의 논리적인 가치뿐 아니라, 그 이면에 내재한 생명과 삶의 소중함을 깨달을 수 있는 기회가 되기를 바랍니다.

이화여자대학교 의학전문대학원 교수 **권복규**

들어가며 : 사례로 보는 안락사

우리나라 법원은 '인간의 생명'을 '최고의 가치'로 여겨 '죽음을 선택할 권리'는 인정하지 않았습니다. 하지만 2009년 처음으로 법원이 안락사를 인정한다고 여길 만한 판결이 있었어요. 뇌 손상으로 식물인간 상태가 된 할머니에게서 인공호흡기를 제거해 달라는 가족들의 연명 치료 중지 요청을 법원이 받아들인 것이죠. 판결문에는 '안락사'라는 단어가 단 한 번도 쓰이지 않았고 그저 '무의미한 **연명**치료 중단'이라고만 표현되었습니다. 이 판결 이후 법원이 **안락사**를 인정한 것인지 그 여부를 다투는 논쟁이 활발하게 일어나면서 사회적 관심은 더욱 높아졌어요. 최근에는 안락사 논쟁에서 대두된 웰다잉(well-dying)에 대한 관심도 뜨겁습니다. 과거 안락사 논쟁처럼 한동안 금기시됐던 인간답게 죽는 것에 대해 이제는 진지하게 접근하고 있는 셈이에요. 안락사 논쟁은 지금도 계속되고 있습니다. 이는 다른 나라에서도 마찬가지예요. 다음은 미국의 '테리 샤이보' 사례입니다. 이 사례를 통해 안락사 논쟁을 둘러싼 이슈를 알아봅시다.

테리 샤이보

테리 샤이보는 41세가 되던 해 미국 플로리다 주에서 세상을 떠났습니다. 테리는 죽기 전까지 15년이라는 긴 시간 동안 인공적인 도구에 의존해 생명을 유지하고 있었어요. 의사들이 테리의 생명 유지 장치를 제거한 뒤에야 그녀는 생을 마칠 수 있었지요. 그러나 테리의 죽음은 조용하지도 편안하지도 않았습니다. 테리가 편안하게 삶을 마칠 수 있게 안락사를 할 것인가에 대한 법정 공방과 언론에서의 논쟁이 수없이 이루어지면서, 안락사의 공론화 계기가 되었기 때문이에요.

1990년, 테리는 갑작스러운 호흡 곤란 증세를 보이면서 심장 마비를 겪었습니다. 심폐소생술로 간신히 생명을 건졌지만 테리는 혼수상태에 빠졌어요. 너무 오랫동안 뇌로 산소가 공급 되지 않았기 때문이지요. 2개월 뒤 테리는 깨어났지만 의식이 돌아오지 않았습니다. 다른 사람들은커녕 자신이 누구인지도 인식하지 못했고, 그 어떤 자극에도 반응하지 않았어요. 다만 수면과 각성을 주기적으로 반복했지요. 의사들은 테리의 생명을 유지하기 위해 위장과 연결한 호스로 영양분을 공급했습니다. 그리고 몇 년 뒤 테리는 깨어 있지만 의식이 없는 상태, 즉 '지속적 식물인간 상태(PVS, persistent vegetative state)' 판정을 받았습니다.

의사들은 테리가 회복될 가능성이 지극히 낮다고 말했습니다. 하지만 테리의 가족들은 희망을 버리지 않고 수년간 다양한 치료를 시도했어요. 그럼에도 테리의 의식은 돌아오지 않았습니다. 1998년에 테리의 남편인 마이클은 영양 공급 호스를 제거해 테리가 생을 마칠 수 있도록 허가해 달라는 청원을 플로리다 법원에 제출했습니다. 법원은 다른 무엇보다도 만일 테리가 스스로 결정을 내릴 수 있는 상황이었다면 어떻게 했을지를 고민했습니다. 법원은 테리가 '사전의료의향서'를 남겼는지를 먼저 살펴보았어요. 사전의료의향서란 환자가 불치병에 걸리거나 영구적인 의식불명 상태에 빠질 때 무의미한 연명 치료를 받지 않겠다고 미리 밝힌 법적 문서입니다. 법원에서는 테리가 사전의료의향서를 작성하지는 않았지만 사고 이전에 '기계로 연명하고 싶지 않다'고 했다는 남편의 말을 참작했습니다. 테리의 부모는 테리가 독실한 가톨릭 신자라 평소 안락사를 찬성하지 않았다는 사실을 지적하며 남편의 청원에 반대했어요.

1차 재판에서는 테리의 남편인 마이클 샤이보 측 변호사들과 부모 측 변호사들 간에 법적 공방이 크게 벌어졌습니다. 이 사건이 대법원까지 올라가면서 플로리다 주와 워싱턴 주에서는 안락사에 대한 법률을 제정하려는 시도도 있었어요. 테리의 부모가 남편인 마이클을 아내에 대한 착취와 학대 혐의로 고발하면서 법적 공방은 더욱 격렬해졌습니다. 한편, 이 사건은 격렬한 논쟁의 불씨가 되어 언론은 물론 종교인과 정치인 그리고 당시 대통령이었던 조지 부시까지 주목하게 되었습니다. 소송이 진행되던 법원과 테리가 머무르고 있던 요양소 앞에서는 안락사를 반대하는 거리 집회가 벌어지기도 했어요. 남편의 요청에 따른 법원 명령으로 테리의 영양 공급 호스가 두 번이나 제거되었다가 여론의 반대와 플로리다 주지사의 개입으로 다시 연결되기도 했습니다.

법원은 테리의 영양 공급 호스를 제거하라는 최종 판결을 내렸습니다. 2005년 3월 18일 테리의 영양 공급 호스가 제거되었고 그로부터 14

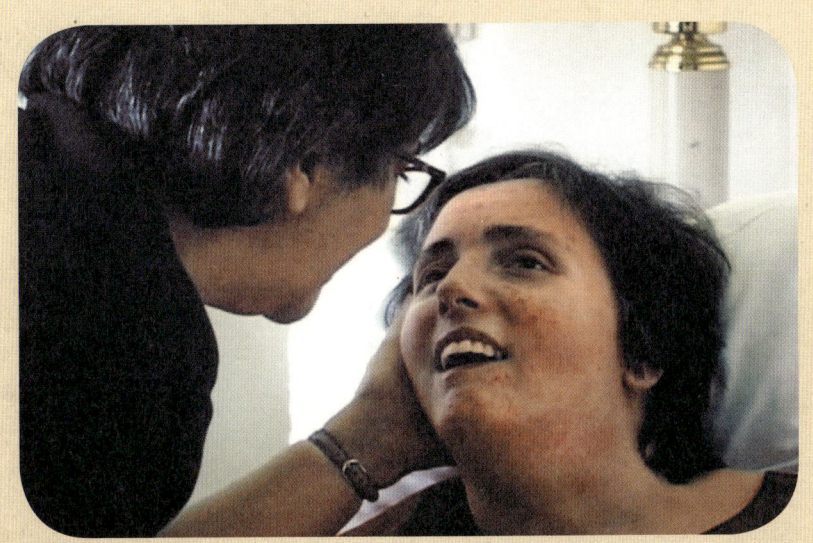

안락사와 관련한 치열한 법정 공방 중심에 있던 테리. 사진 속에서 테리는 어머니에게 반응하는 것처럼 보이지만 실제로는 식물인간 상태라서 그녀 자신과 주변 환경을 인지하지 못한다.

일이 지난 뒤에 테리는 숨을 거두었지요. 7년 동안 계속된 이 소송은 미국은 물론 전 세계적으로 안락사 논쟁을 불러일으켰습니다. 그리고 오늘날에도 안락사 논쟁은 계속되고 있어요.

찬성 VS 반대

환자가 고통을 견디다 못해 죽고 싶어 한다면 안락사를 도와야 한다는 의견에 전적으로 동의한다. 하지만 가족이나 정부에 부담을 주고 싶지 않다는 이유로 안락사를 원하는 경우도 있다. 그런 경우에도 나는 안락사를 허용해야 한다고 생각한다.

—바로네스 메리 워녹 의학 윤리학자, 2004년 9월

환자들은 생의 마지막 순간까지 삶의 존엄을 지킬 수 있을지, 고통을 효과적으로 완화시키는 치료법이 있기는 한지 고민하느라 괴로워한다. 환자의 통증을 적당히 완화하고, 심리 치료를 병행하며 환자와의 의사소통을 원활하게 한다면 안락사를 요청하는 사람들이 훨씬 줄어들 거라고 생각한다.

—영국의학협회와 왕립간호협회 선언문 2004년 12월

알아두기

의학 연구에 따르면 식물인간 상태가 12개월 이상 지속되면 회복 가능성이 거의 없어진다고 한다. 식물인간 상태는 수면 각성 사이클이 아예 나타나지 않는 혼수상태와 다르다. 환자가 자신과 주변 환경을 인식하지만 움직이거나 말을 할 수 없어 눈동자의 움직임이나 눈 깜박임을 통해 의사소통을 하는 '락트-인 증후군(locked-in syndrome)'과도 구분된다.

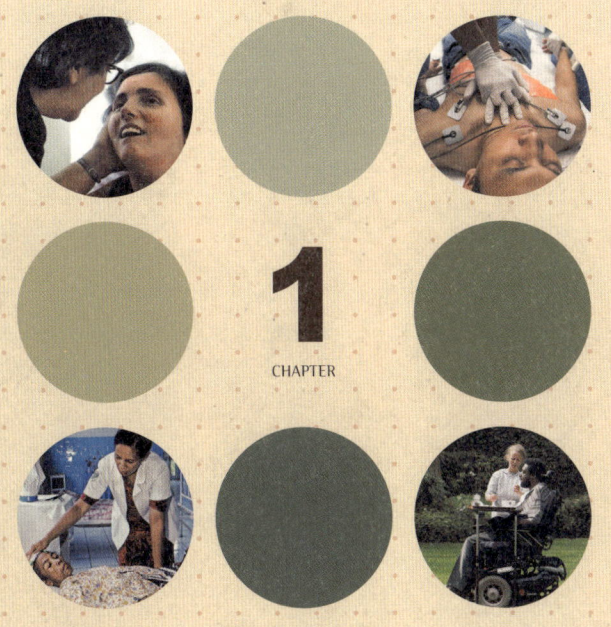

CHAPTER 1

안락사란 무엇일까요?

안락사를 의미하는 영어 'euthanasia'는 '편안한 죽음'을 의미하는 고대 그리스어에서 유래했습니다. 안락사는 어떤 사람이 자신의 의지로 혹은 이를 대변하는 타인의 결정에 따라 죽음을 맞이하는 것을 의미해요.

안락사란 삶과 죽음을 선택하는 문제입니다. 안락사를 의미하는 영어 'euthanasia'는 '편안한 죽음'을 의미하는 고대 그리스어에서 유래했습니다. 안락사는 어떤 사람이 자신의 의지로 혹은 이를 대변하는 타인의 결정에 따라 죽음을 맞이하는 것을 의미해요. 일반적으로 환자가 죽음에 임박했거나 불치병에 걸려 극심한 고통에 시달리는 등 회복이 불가능한 상황에서 인공적인 수단으로 목숨만 유지하고 있을 때 안락사가 이루어집니다. 실제로 안락사가 많이 이루어지는 건 아니지만, 안락사에 대한 치열한 찬반 논쟁은 언론에서 자주 다루어졌어요.

자발적 안락사와 비자발적 안락사

안락사는 일반적으로 환자의 동의 여부에 따라 자발적 안락사와 비자발적 안락사로 구분됩니다. 자발적 안락사는 말 그대로 환자의 직접적인 동의가 있을 때 죽음에 이르게 하는 것을 말해요. 환자가 몸을 움직일 수 있다면 직접 목숨을 끊을 수도 있지만 대부분은 병으로 인한 극심한 고통 혹은 장애가 있어 다른 사람에게 도움을 요청합니다. 이를

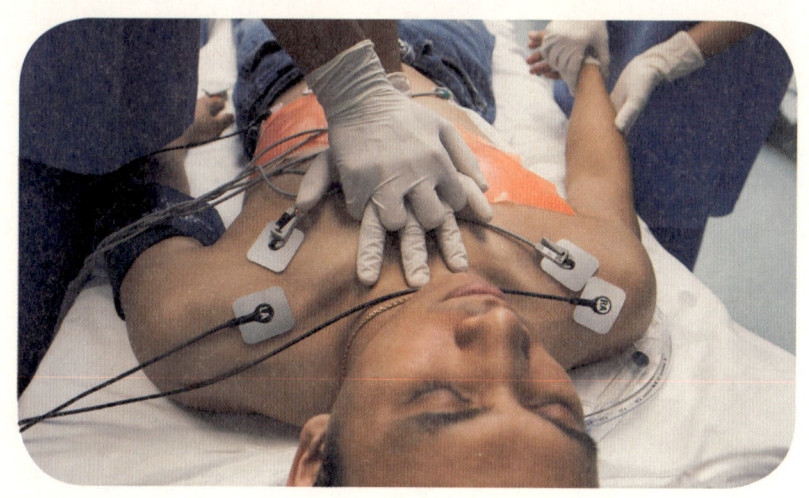

▎병원 응급실에서 의사가 환자에게 심폐소생술을 실시하고 있다. 의사들은 발달된 응급 의료 기술을 이용하여 더 많은 사람을 죽음의 문턱에서 구해 내고 있다.

'조력 자살'이라고 하는데 만약 의사가 이 과정에 개입된다면 '의사 조력 자살'로 부르기도 합니다.

　비자발적 안락사는 환자의 직접적인 동의 없이 가족이나 국가 등 다른 주체가 안락사 여부를 결정하는 것을 말합니다. 이때는 주로 '삶의 질'적인 측면을 고려합니다. 가령, 의식이 온전하지 않은 환자가 극심한 고통에 시달리거나 회복 가능성이 전혀 없을 때 안락사가 이루어질 수 있어요. 이러한 경우 안락사가 허용되어야 하는지 여부는 치열한 논쟁의 대상이 되지요.

적극적 안락사와 소극적 안락사

　안락사는 방법에 따라 적극적 안락사와 소극적 안락사로 구분되기도 합니다. 적극적 안락사는 모르핀과 같은 약물을 투여해서 환자가 숨을 거두도록 유도하는 것을 의미해요. 때때로 환자가 직접 죽음에 이르는 행위를 할 수도 있지만 그렇지 못할 경우에는 다른 사람의 도움을 받기도 하지요.

소극적 안락사는 수술 또는 약물치료 등의 의학적 조치를 하지 않거나 인공호흡기 등 인위적인 생명 연장 장치를 달지 않는 것을 의미합니다. 현재 세계적으로 적극적 안락사에 대해 반대하는 목소리가 크지만, 소극적 안락사는 어느 정도 인정하는 경향이 있어요.

노엘 마틴은 1996년 독일에서 인종 차별주의자의 공격을 받아 목 아래 전신이 마비되었다. 노엘은 이러한 장애에도 굴하지 않고 영국과 독일에서 인종 차별에 저항하는 사회 운동을 펼쳤다. 2006년 노엘은 스위스에 있는 안락사 지원 전문 병원인 디그니타스에서 자신의 48번째 생일인 2007년 7월 23일에 죽음을 맞이하겠다고 선언했지만, 이후 그 시기를 늦췄다.

알아두기

기록에 따르면 중국에서는 1986년 처음으로 안락사가 이루어졌다. 왕 밍쳉이 의사인 푸 리엔성에게 병든 노모가 세상을 떠날 수 있게 도와달라고 요청했던 것이다. 1992년 중국 법원은 살인 혐의로 피소된 두 사람에게 무죄를 선고했다.

안락사는 살인일까요?

안락사 반대론자는 안락사를 살인 행위라고 생각합니다. 하지만 실제로 안락사는 윤리적인 차원에서 살인과는 구별되는 행위입니다. 물론 살인과 안락사는 누군가를 죽게 한다는 점에서 비슷할 수는 있지요. 하지만 살인은 죽은 사람이 죽음을 원하지도 않은 데다 살인자의 탐욕, 분노, 복수 등 이기적인 이유로 행해진다는 점에서 안락사와는 차이가 있어요.

그러나 안락사 반대론자들은 안락사 역시 가면을 뒤집어쓴 살인 행위에 불과하다고 비난합니다. 예를 들어, 불치병 환자의 가족들이 경제적 부담 때문에 혹은 유산 상속을 바라며 환자에게 필요한 치료를 거부할 수도 있다는 것이지요. 안락사 찬성론자들은 이러한 주장에 대해 환자 가족들은 환자가 살아 있기만을 바라는데 오히려 환자 자신이 죽음을 원하는 경우가 많다고 반박합니다.

안락사가 가장 논란이 되는 경우는 환자가 스스로 목숨을 끊을 때입니다. 이들은 자신의 의지로 금식하거나 적극적 행위로 목숨을 끊지요. 이렇게 직접 자신의 목숨을 끊는 이들 대부분은 불치병에 걸려 극심한 고통을 겪는 환자들이에요. 안락사 찬성론자는 이들이 대부분 죽기 수년 전부터 안락사에 대한 결정을 내렸다고 주장합니다. 환자들이 자신의 몸 상태가 점점 더 나빠지리라는 것과 병이 악화된 후에는 합리적 결정을 내리기 어려울 것을 알고 있었기 때문이라는 거예요. 그러나 안락사 반대론자들은 수년 전 결정을 내릴 당시에 환자가 비합리적으로 생각했거나, 안락사를 선택하도록 강요받았을 수도 있다고 반박합니다.

안락사 조력자, 즉 안락사 과정을 도와주는 이들에 대한 논란도 있습니다. 이들이 안락사 과정을 돕는 동기는 무엇일까요? 안락사 조력자들은 환자가 고통에서 벗어나 죽을 수 있게 돕고 싶어 합니다. 하지만 주목받는 것을 좋아하거나, 심지어 죽는 걸 돕는 데서 오는 대리 만족과 흥분을 얻으려는 조력자도 많다고 안락사 반대론자들은 주장합니다. 안락사 찬성론자들도 일부 조력자들이 미심쩍은 동기로 안락사 과정에 참여할 수 있다는 것을 인정합니다. 하지만 이는 안락사가 은밀한 곳에

동티모르에서 의사가 결핵 환자를 돌보고 있다. 대다수의 가난한 나라들은 의료 시설이 한정적이라 아주 일반적인 병 치료는 제한된다.

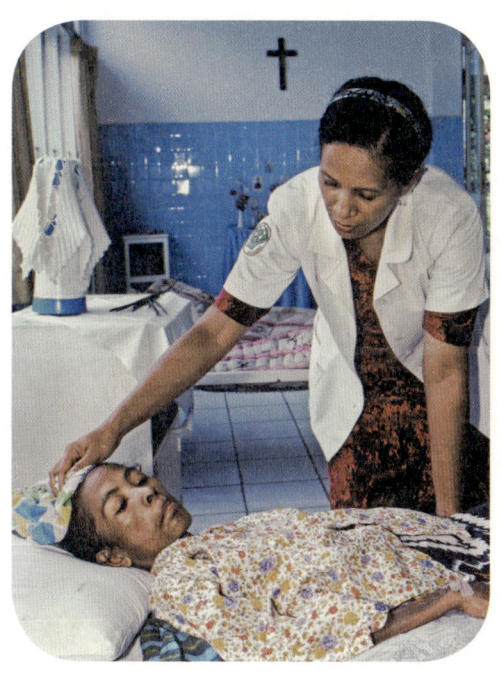

1. 안락사란 무엇일까요? | 19

서 불법적으로 이루어지기 때문이라고 주장하지요.

자비로운 살인(mercy killing)이라고 불리는 죽음도 있습니다. 대개 환자의 가족이 상황을 비관하며 슬픔이나 절망에 빠져 고통스러워하는 환자를 죽이는 것이지요. 자비로운 살인을 저지른 사람은 자수를 하고 법정에서 자신의 죄를 인정하는 경우가 많아요. 그럴 경우 사안을 참작하여 관대하게 처분하는데, 대체로 집행 유예 등의 가볍고 상징적인 처벌만 이루어져요. 자비로운 살인도 비자발적 안락사로 분류됩니다. 자비로운 살인은 이와 관련된 사람들의 삶까지도 피폐하게 만드는 경우가 많지요. 영국의 한 통계에 따르면 자비로운 자살에 연루된 가족 구성원 중 30퍼센트는 결국 스스로 목숨을 끊었다고 합니다.

자살

자발적 안락사는 대개 자살로 여겨집니다. 자살은 많은 국가가 법으로 금지하고 있을 뿐만 아니라 여러 종교에서도 금지하고 있어요. 안락사 찬성론자들은 우울증이나 정신 착란 혹은 약물이나 술 등 여러 요인에 영향을 받을 수 있는 자살과는 달리 안락사는 심사숙고한 뒤 사전에 계획된 행위라고 지적합니다. 반면에 안락사 반대론자들은 두 행위에 차이점이 없다고 생각하며 안락사 역시 합리적 선택보다는 혼란이나 절망 속에서 자신의 목숨을 끊는 경우가 많다고 주장합니다. 이러한 이유로, 안락사를 법으로 허용하는 국가 대다수가 안락사를 원하는 사람은 반드시 먼저 심리 검사를 받도록 합니다. 그가 내린 결정이 정신적 장애나 우울증으로 인한 것이 아니라 합리적인 판단에 의한 것이었다는 점을 확인하려는 것이지요.

역사 속 안락사

안락사는 현대에 이르러서야 친숙해진 개념입니다. 과거에는 사람들의 수명 자체가 상대적으로 짧았기 때문이지요. 유아 사망률은 무척 높고 노년까지 살아남는 사람도 많지 않아 안락사가 사회 문제로 떠오르지 않았던 것이지요. 게다가 당시에는 의학 기술이 발달하지 않아 심각한 병에 걸리거나 크게 다칠 경우 생명을 잃을 확률이 더 높았어요. 하지만 역사 속에서 안락사 사례가 전혀 없었던 것은 아닙니다.

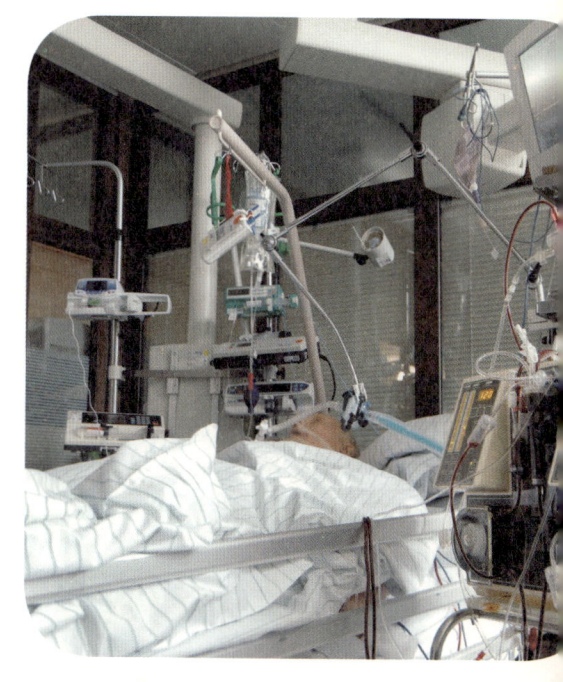

독일에서 한 환자가 신장 투석을 받고 있다. 부유한 국가들은 이와 같은 첨단 의료 기술을 일상적으로 제공함으로써 환자의 고통을 줄이기 위해 노력하고 있다.

고대 그리스에서도 안락사라 부를 만한 행위가 이루어졌습니다. 전쟁이 잦았던 스파르타에서는 아이들이 태어나면 훌륭한 전사가 될 수 있는지 먼저 평가했어요. 그래서 갓난아기를 깊은 산 속에 방치하여 생존력이 강한 아이들만 남기고 허약한 아이들은 죽게 내버려 두었지요. 스파르타 외의 다른 그리스 공동체에서도 신체 결함을 가지고 태어난 아이는 죽게 내버려 두는 경우가 빈번했습니다. 기원전 3세기 케아 섬 사람들은 시민과 합의하고 자신의 목숨을 끊을 수 있었습니다. 죽음에 대한 합의가 이루어지면 독미나리로 만든 독약을 마시고 관중의 환호 속에서 생을 마칠 수 있었어요. 이 외에도 그리스와 로마 사회에는 여러 종류의 조력 자살이 있었습니다. 조력 자살은 전쟁에서 패배하여 적에게 굴복해야 하는 상황에서 공적인 불명예를 회피하기 위해 사람들이 선택하는 방법이기도 했습니다.

신흥 종교의 성장

고대 사회에서 죽음은 굳이 두려워하거나 피해야 할 대상이 아니었습니다. 오히려 죽음은 신이 주는 선물로 여겨졌어요. 하지만 기독교가 점차 확산되면서 죽음에 대한 인식은 바뀌었습니다. 기독교 전후에 나타난 유대교나 이슬람교와 마찬가지로, 기독교는 죽음을 고대 사회와 다른 시각으로 바라봅니다. 기독교에서는 생명 그 자체가 신에게 받은 축복이며 죽음은 신이 결정하는 것이라고 믿습니다. 그래서 자살을 한 사람의 영혼은 지옥으로 떨어진다고 생각하지요. 죽음을 도와주는 사람 역시 죄를 짓는 것으로 여겨 비난의 대상이 됩니다.

유대교, 기독교, 이슬람교 모두 지난 수 세기 동안 진화하고 변화했지만, 자살과 안락사를 잘못된 것이라고 보는 관점은 변함이 없습니다. 다만 근래 일부 종교에서는 관점의 차이는 있지만 소극적 안락사를 인정했습니다. 예를 들어, 가톨릭교회는 비용이 많이 들고 위험하며 효과를 내지 못하는 의료 기구 사용 중단을 용인하고 있어요. 이는 환자를 죽이려는 게 아니라 막을 수 없는 죽음을 받아들이기 위해 지나친 치료를 거부하는 것이라고도 명시해 놓았어요. 그러나 죽음을 촉진하는 조치는 가톨릭교회 또한 강력하게 반대하고 있습니다.

이누이트 족

인류학자들은 몇몇 **토착민**들도 안락사를 시행했다고 기록한 바 있습니다. 주로 부족민들과 함께 이동할 수 없거나 사냥을 할 수 없는 노인들이 안락사의 대상이었어요. 예를 들어, 북극권의 이누이트 족에서는 노인이나 병에 걸린 이가 부족 사람들에게 짐이 되지 않으려 스스로 얼

그린란드 동부에서 한 이누이트 족이 식량용 바다표범을 잡기 위해 낚시 망을 설치하고 있다.

음 황무지로 걸어 들어갔어요. 그들은 추위와 굶주림에 노출되어 죽음을 맞이했지요. 오늘날 이누이트 족은 이러한 형태의 안락사를 시행하지 않습니다. 이누이트 족 대부분이 가톨릭 신자이기도 하지만 노인들이 연금과 의료 혜택을 받아 부족민의 짐이 되지 않고도 생활을 유지할 수 있기 때문입니다.

찬성 VS 반대

여행을 할 때 내가 탈 배를 선택하거나, 이사할 때 살 집을 선택할 수 있는 것처럼, 삶에서 떠나려 할 때 죽음도 선택할 수 있어야 한다.
―세네카 고대 로마 철학자, 루실리우스에게 보낸 편지 중에서, 기원전 1세기

우리는 먼저 인간 생명은 어느 시기, 어느 상황에서든 신성불가침임을 재확인하고자 한다. 어느 누구도 그 무엇도 어떤 경우에라도, 태아와 배아, 유아와 성인과 노인, 불치병에 고통받거나 죽어 가는 환자를 포함한 무고한 인간을 죽이는 행위가 허용되어서는 안 된다. 그뿐만 아니라, 아무도 자신과 자신이 보살피는 이를 위해서 죽음을 선택하는 것은 허락되지 않는다. 또한 이러한 요청에 명시적으로나 암묵적으로 동조하지 않아야 한다. 그 어떤 권력도 이러한 행동을 법률적으로 권장하거나 허용해서는 안 된다.
―요한 바오로 2세 안락사에 관한 선언문 중에서, 1980년

사례탐구 아리크 콜리타릭

　아리크 콜리타릭은 멜빌 반도 동쪽의 북극 정착지에 사는 이누이트 족 지도자였다. 공동체의 존경을 한몸에 받았던 아리크는 북극 전역에서 사냥하며 그가 가진 기술을 이용해 이 척박한 땅에서 살아남았다. 젊을 적엔 북극을 캐나다 영토라고 주장하는 백인 탐험가들을 맞닥뜨렸고, 이누이트 족이 큰 변화를 겪은 시대를 살다 1963년 세상을 떠났다. 아리크가 죽을 무렵에 이누이트 족 대부분은 캐나다 정부가 지정한 정착지에 거주했다.
　아리크는 홍역에 걸린 뒤 죽음을 결심했다. 백신이 없는 이누이트 족에게 홍역은 위험한 질병이었다. 아리크는 자신의 삶을 이제 끝낼 때가 되었다고 생각해 세 명의 청년에게 자신이 죽음을 맞이할 수 있도록 도와달라고 요청했다. 그러고는 자신의 부탁을 거절하면 사후에 영혼으로 되돌아와서 식량인 바다표범이나 순록을 모두 없애겠다고 했다. 결국 세 청년은 그를 돕기로 하고 각각 역할을 나누어 한 명은 소총을, 다른 한 명은 탄환을 구해 왔고 또 다른 한 명은 소총을 장전했다. 아리크가 자신의 몸에 총을 네 번 쏘는 동안 그가 이끌던 부족의 모든 사람이 아리크의 집 밖에 모여 있었다. 아리크는 과다 출혈로 다음 날 사망했다. 몸에 쏜 탄환 중 어느 것도 즉사에 이를 만큼 치명적이지 않았던 것이다. 아리크의 죽음을 도왔던 세 청년은 그의 시신을 땅에 묻은 다음 가톨릭 사제에게 그들이 한 일을 설명하는 편지를 썼다.
　세 청년은 체포되어 **자살 방조** 혐의로 재판을 받게 되었다. 이런 재판이 캐나다 법정에서 열린 것은 처음이었다. 세 사람은 모두 죄를 시인했고, 그 일을 하고 싶지 않았지만 아리크의 요청을 따를 수밖에 없었다고 말했다. 이들은 자신들의 행위를 잘못된 것으로 생각했다. 판사는 세 청년에게 유죄를 선고했지만 형 집행을 유예하고 이들이 자신들의 공동체로 돌아가는 것을 허용했다.

간추려 보기

- 안락사는 어떤 사람이 자신의 의지로 혹은 이를 대변하는 타인의 결정에 따라 의도적인 죽음을 맞이하는 것을 의미한다.
- 안락사는 일반적으로 자발적 안락사와 비자발적 안락사, 적극적 안락사와 소극적 안락사로 나뉜다.
- 과거에도 특정한 상황에 한해 안락사가 시행되었다.
- 대부분의 종교에서는 안락사를 반대한다.

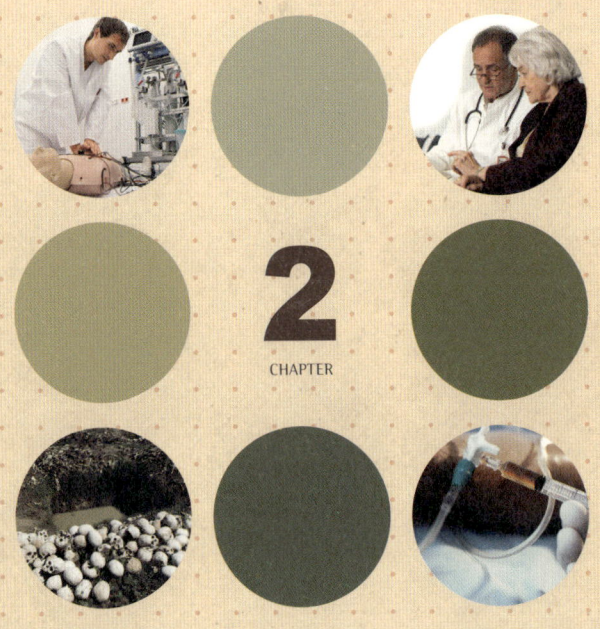

CHAPTER 2

의료 윤리와 안락사

의료 윤리의 원칙 자체에는 논쟁의 여지가 없지만, 실제 상황에 원칙을 적용하기는 쉽지 않습니다. 특히나 삶과 죽음에 관련된 복잡한 상황이라면 더더욱 그렇지요.

의료 윤리란 의사를 비롯한 의료 전문가들이 환자를 치료하고 상담할 때 지켜야 하는 원칙 및 도덕 윤리를 말합니다. 전 세계적으로 통용되는 통일된 **의료 윤리** 조항은 아직 마련되지 않았고, 이를 정하는 기관도 현재는 없습니다. 하지만 의료진을 양성하는 과정과 업무 절차가 표준화되면서 의료 윤리의 기본 원칙이 자연스럽게 만들어지고 있답니다.

가장 일반화된 의료 윤리 원칙은 다음과 같습니다.

- 선행의 원칙

의사는 환자에게 가장 도움이 되는 치료를 하도록 언제나 최선을 다해야 합니다. 이는 치료법의 위험성과 효과를 균형 있게 검토하는 것을 포함하지요.

- 해악 금지의 원칙

의사가 환자에게 해를 끼치는 행위를 해서는 안 됩니다. 환자의 건강뿐만 아니라 복지까지 고려해야 하지요.

- **신뢰의 원칙**

환자는 자신의 상태에 관해 온전한 설명을 들을 권리가 있습니다. 환자에게 치료법을 제시할 때에도 장점과 단점을 정확하게 설명해야 하지요.

- **충분한 정보에 의한 동의의 원칙**

진료 여부를 의사가 일방적으로 결정해서는 안 됩니다. 의사는 치료에 앞서 환자에게 충분한 정보를 제공한 뒤 환자의 동의를 구해야 해요. 그리고 나서 환자의 자율적 의사에 따라 진료해야 합니다.

- **의사 결정 능력의 원칙**

의사는 의료 정보를 이해하기 쉽게 설명하여 환자가 최선의 결정을 내릴 수 있게 해야 합니다.

- **자율성 존중의 원칙**

개인의 **자율성**을 최우선적으로 존중해야 합니다. 환자는 자신의 뜻에 따라 치료를 받아들이거나 거부할 수 있어요.

- **존엄성의 원칙**

어떠한 경우에라도 환자의 존엄성은 존중되어야 합니다.

원칙 적용하기

의료 윤리의 원칙 자체에는 논쟁의 여지가 없지만, 실제 상황에 원칙을 적용하기는 쉽지 않습니다. 특히나 삶과 죽음에 관련된 복잡한 상황이라면 더욱 그렇지요. 예를 들어, 당장 수술을 하지 않으면 틀림없이 사망할 환자가 있다고 생각해 봅시다. 그런데 수술이 성공할 확률도 매우 낮습니다. 이럴 때 의사는 어떻게 해야 할까요? 성공 확률이 너무 낮다는 이유로 환자가 고통과 괴로움을 겪는 것을 두고 보아야만 할까요? 또 수술을 하면 성공할 확률이 높은데 환자가 치료를 거부하고 죽음을 선택할 경우, 의사는 어떻게 해야 할까요? 통증이 심해 고통스러워하는 환자에게 '**존엄성**'이란 과연 어떤 의미가 있는 것일까요?

의무론적 윤리설과 결과주의 윤리설

의료 윤리의 기반에는 다양한 윤리 사상이 존재할 수 있습니다. 이러한 사상 가운데에는 서로 대립하는 것이 있어요. 바로 의무론과 결과주의입니다. 의무론적 윤리설은 절대적인 규칙과 의무를 기반으로 사회가 유지되고 있다는 것을 기본 전제로 삼고 있습니다. 의무론에 따르면 언제나 규칙을 준수하는 것이 도덕적인 행동입니다. 그 행동이 바람직하지 못한 결과로 이어지는 경우에라도 말이지요. 반대로 결과주의는 어떠한 행동의 도덕성을 그 행동이 추구하는 결과에 따라 판단해야 한다고 해요. 즉, 최선의 결과를 목적으로 하는 행동이 도덕적 행동이라는 것입니다.

이러한 윤리 사상이 안락사와 무슨 관계가 있을까요? 의무론과 결과주의 중 어느 편에 서느냐에 따라 안락사 문제를 바라보는 시각이 달라질 수 있어요. 의무론적 관점에서는 먼저 명확한 규칙이 제시되어야 합니다. 예를 들어, '의사는 항상 환자가 생명을 유지하도록 치료해야 한다.' 또는 '의사는 환자가 무엇을 원하든 결코 환자의 생명을 앗아가는 행위를 하지 말아야 한다.' 같은 규칙 말이지요. 이 규칙에 따르면 안락사나 조력 자살은 그 어떤 경우에도 허용될 수 없습니다. 환자가 극심한 고통으로 괴로워하거나 회복 가능성이 전혀 없더라도 예외를 인정받을 수 없어요. 의무론에 비판적인 사람들은 의무론의 규칙이 명확하기는 하지만, 융통성이 없어서 환자의 상황에 대한 이해나 동정심을 전혀 찾아볼 수 없다고 주장합니다. 또한, 이들은 의무론에 따른 행위가 환자에게 바람직하지 못한 결과를 가져올 수 있다는 점도 지적하지요.

결과주의에도 규칙은 있습니다. 물론 의무론처럼 경직된 규칙은 아니지만 말이에요. 결과주의자는 규칙보다는 결과에 주목하기 때문에 어떤 환자에게는 죽음이 최선의 결과가 될 수 있다는 점을 인정하기도 합니다.

알아두기

1992년 미국 의료 기관의 의료 수준을 평가하는 비영리법인인 JCAHO(Joint Commission on the Accreditation of Healthcare Organization, 현재는 JC로 개편됨)는 모든 병원에 윤리 위원회를 설립해야 한다고 공표했다. 1983년 미국 병원 중 단지 1%만이 윤리 위원회를 갖추고 있었던 것에 비해 1998년에는 그 수치가 90%로 증가했다. 현재는 미국의 모든 병원이 윤리 위원회를 두고 있다.

결과주의자는 안락사 문제를 바라보며 '무슨 수를 쓰더라도 환자를 살게 하는 것보다는 환자가 죽음으로써 고통과 괴로움을 덜 수 있다면 그렇게 하는 것이 더 나은 결과가 아닐까?', '환자가 원하지 않는 치료를 받도록 강요하는 것이 과연 환자의 존엄성과 자율성을 존중하는 행위일까?' 등과 같은 질문을 던질 수 있어요. 한편 결과주의를 비판하는 이들은 의사라 하더라도 자신의 행위가 어떤 결과를 낳을지 완벽하게 예측하는 것은 불가능하다고 말합니다. 또한, 의사가 선한 의도로 행동했다고 하더라도 실제로는 그렇지 않은 결과가 발생할 수 있다는 점을 지적하고 있지요.

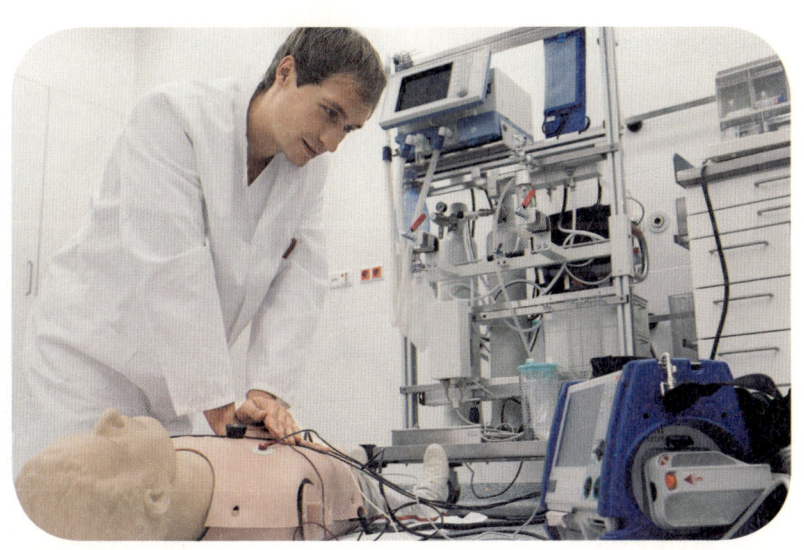

의료 윤리의 원칙상 의사는 언제나 환자에게 최선인 쪽으로 행동해야 한다. 이러한 의무가 있는 의료진에게 심폐소생술은 반드시 익혀야 하는 기술이다.

삶의 가치

 의무론적 윤리설과 결과주의 윤리설 논쟁이 의료 윤리와 안락사에 어떻게 연관될 수 있을까요? 이 질문에 답하기 위해서는 먼저 상충하는 세 관점을 살펴봐야만 합니다. 그것은 '생명 중시', '자비 중시' 그리고 '선택 중시'적 관점입니다.

 '생명 중시' 관점은 말 그대로 생명을 유지하는 것을 최우선으로 고려합니다. 그래서 의사는 언제나 환자에게 최선을 다해야 하며(선행의 원칙) 환자에게 해가 되는 행위를 하지 말아야 합니다(해악 금지의 원칙). 의사는 반드시 환자를 살리기 위해 치료해야 하지요. 의무론자는 어떤 상황에서든 생명을 중시하는 관점을 최우선 순위로 둡니다. 반면에 결과주의자는

신뢰의 원칙과 충분한 정보에 의한 동의의 원칙은 의료 윤리의 주요 원칙 가운데 하나이다. 한편 환자가 치료를 받아들이거나 거부할 수 있는 권리가 있음을 명시하는 자율성 존중의 원칙도 있다.

바람직한 결과를 도출하기 위해 다른 관점도 함께 고려하지요.

'자비 중시' 관점에서는 환자의 고통과 괴로움에 주목합니다. 그리고 선행의 원칙과 해악 금지의 원칙뿐만 아니라 존엄성의 원칙과 신뢰의 원칙도 중요하다고 생각하지요. 의사는 환자가 극심한 고통을 겪지 않기를 바랍니다. 특히 이러한 고통을 견디는 것이 큰 의미가 없을 경우에는 더욱 그렇지요. 예를 들어 나이가 아주 많은 환자나 불치병에 걸린 환자가 죽음을 눈앞에 두고 있다고 생각해 봅시다. 현대 의학 기술로 이런 환자들의 생명을 유지할 수는 있습니다. 하지만 이는 환자의 고통을 연장하는 결과만을 가져옵니다. 의무론자는 어떠한 상황이라도 환자의 생명을 유지해야 한다고 주장하겠지만 결과주의자는 환자의 고통과 괴로움을 막는 것이 윤리적인 선택이라고 반박할 수 있습니다. 그 결과가 죽음이라고 하더라도 말이지요. 안락사 찬성론자는 여기서 더 나아가 때로는 죽음이 최선의 결과일 수 있으며 의료 윤리에서도 안락사를 수용해야 한다고 주장합니다.

때로는 생명 중시와 자비 중시라는 두 관점이 갈등을 일으키기도 합니다. 의사가 환자의 고통을 경감시키기 위해 강력한 진통제를 처방했는데, 그 때문에 환자의 죽음이 앞당겨지는 상황을 생각해 봅시다. 자비 중시 관점에서 행동하다가 생명 중시 관점을 놓치게 된 상황이지요. 하지만 이 행위는 의무론자조차도 윤리적이라고 판단합니다. 의사가 환자를 죽이려 한 것이 아니라 단지 고통을 덜어 주려고 한 행동이기 때문이지요. 가톨릭교회와 대부분의 의료 윤리 역시 이와 유사한 판단을 내리고 있어요. 결과보다는 의도가 더 중요하다고 판단하는 것이지요.

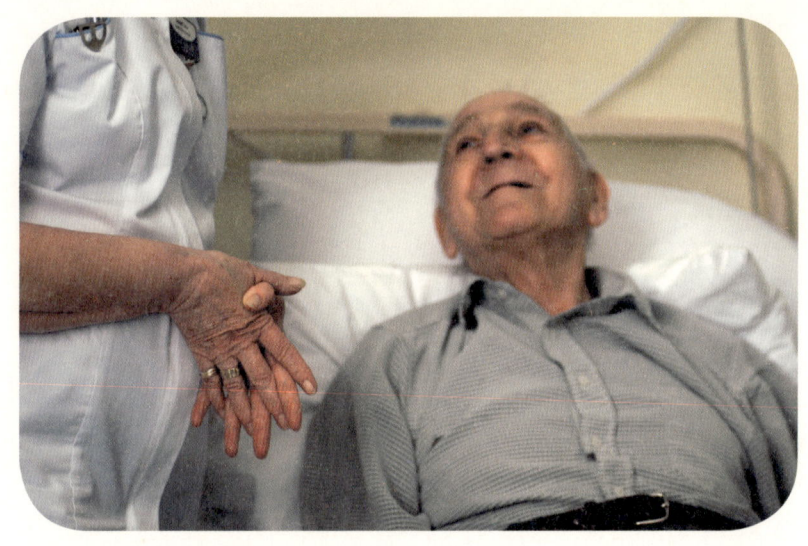

존엄성의 원칙은 중요한 의료 윤리 원칙이다. 이는 환자의 인격을 존중하며 이들의 걱정과 염려에 귀를 기울이는 것을 의미한다.

이를 '이중결과의 원리'라고 부릅니다.

안락사 반대론자는 몇몇 의사들이 이러한 이중결과의 원리를 악용해 진통제로 환자들을 안락사시키고 있다고 주장합니다. 반면에 향상된 효능의 진통제와 **완화 치료** 덕분에 이중결과의 원리가 악용될 가능성이 과거에 비해 훨씬 낮아졌다는 점을 지적하는 사람도 있어요.

가장 최근에 제기된 '선택 중시' 관점은 충분한 설명에 근거한 동의의 원칙, 의사 결정 능력의 원칙, 자율성 존중의 원칙을 중요하게 보는 관점입니다. 이 관점은 삶과 죽음에 관련된 중요한 결정을 스스로 내리고 싶어 하는 서양의 사회적 변화를 반영하고 있어요. 이제는 많은 사람이 죽음과 관련된 결정을 의사에게 전적으로 맡기지 않습니다. 언제 어떻게 죽음을 맞이할 것인가 결정하는 것은 인생에서 가장 중요한 선택으로 여겨지지요. 그래서 어떤 이들은 사전의료의향서로 미리 죽음에 대한 뜻을 분명하게 밝히거나 자신이 위독할 때 어떻게 할지를 주치의나 가족에게 사전에 이야기해 두기도 합니다.

의무론자는 환자가 직접 이러한 결정을 하도록 허용해서는 안 된다고 주장합니다. 이들은 병약한 환자가 최선의 선택을 할 수 있을지에 대해 회의적이에요. 삶과 죽음을 결정하는 중요한 선택은 건강한 사람들에게도 결코 쉬운 일이 아니기 때문이지요. 결과주의자 또한 환자가 직접 결정을 내리는 데 이의를 제기할 수는 있지만 의무론자만큼 완고한 입장은 아닙니다. 결과주의자들은 환자가 직접 결정했는지보다는 그 결과가 최선이었는지에 더 큰 의미를 부여하고 있으니까요.

삶의 질

안락사를 둘러싼 논쟁에서 자주 등장하는 개념 중에는 '삶의 질'이 있습니다. '삶의 질'은 다소 모호한 용어이긴 하지만, 일반적으로 어떤 사람이 얼마나 가치 있는 삶을 살아가는지를 가리킬 때 사용합니다.

이 개념이 실제 생활에선 어떤 의미가 있을까요? '삶의 질'을 논하기 위해서는 환자가 의식이 있고 주변 환경을 인식하고 있어야만 할까요? 식물인간 상태에 빠진 환자는 그렇지 못합니다. 환자가 논리적으로 생각할 수 있고, 감정을 느낄 수 있으며 자극에 반응해야 할까요? 장애가 심한 아동의 경우에는 그렇지 않을 수도 있지요. 만약 환자가 극심한 고통에 시달리고 있는 경우라면 어떨까요? 불치병이나 **퇴행성** 질환을 앓

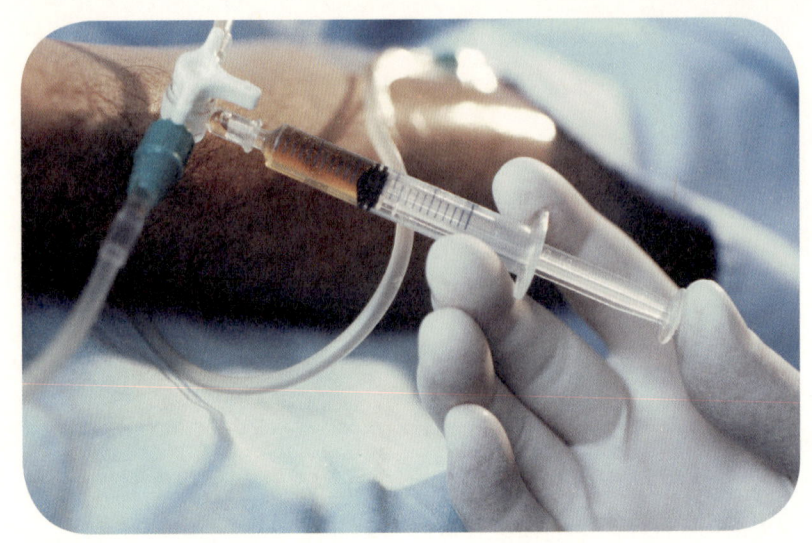

환자의 혈관에 연결된 튜브로 치사량의 약물이 투여되고 있다. 이러한 종류의 안락사는 일부 소수 국가에서만 법적으로 허용된다.

는 사람들은 삶이 고통스럽지만, 많은 이들이 이러한 환자들 또한 높은 삶의 질을 영위할 수 있다고 주장합니다. 심각한 **치매**에 걸린 노인은 어떨까요? 자신이 누구이며 어디에 있는지를 알지 못한다 해도 삶에 대한 열망은 강렬할 수 있습니다.

삶의 질을 측정하려면 어떻게 해야 할까요? 의식이 있는 사람이라면 고통에 시달리는 중이라도 자신의 의견을 표현할 수 있습니다. 이때 의사는 적절성과 위험성을 고려하여 치료 여부를 판단할 수는 있지만 될 수 있으면 환자가 바라는 바에 귀를 기울여야 합니다. 때로는 의사와 환자가 '심폐소생술 포기(DNR, do not resuscitate)'에 합의하는 경우도 있어요. 심폐소생술 포기는 환자가 곧 죽으리라 예상되면 응급 상황이더라도 환자에게 심폐소생술을 하지 않는다는 약속이에요. 이 역시 논란의 여지는 있습니다. 의사의 소명은 가능한 많은 생명을 살리는 것이기 때문이지요. 하지만 심폐소생술 포기는 의사가 환자의 죽음을 적극적으로 돕는 안락사나 의사 조력 자살과는 다른 형태라고 볼 수 있습니다.

식물인간 상태인 환자나 의사 표현을 하지 못하는 유아 혹은 장애 아동의 삶의 질은 어떻게 판단할 수 있을까요? 어떤 이들은 유아나 장애 아동도 표정이나 그들이 내는 소리와 행동으로 의사를 표현할 수 있다고 말합니다. 중증 장애인의 경우에는 가족이나 간병인의 설명으로 이들이 원하는 것이 무엇인지 알 수 있어요. 하지만 간병인은 환자와 너무나 밀접한 관계를 맺고 있어 객관적일 수 없으며 가족이라도 항상 이들의 뜻을 정확하게 해석할 수는 없다는 비판도 있습니다.

이러한 경우에 의사

나이가 많고 연약하거나 병든 이도 삶에 대한 강한 열망이 있을 수 있다. 현대 의약품은 환자가 병과 싸우고 건강을 회복하는 데 큰 도움이 되는 경우가 많다.

는 판단을 내리기가 매우 어렵습니다. 만약 환자가 자신의 의사를 표현할 수 있었다면 어떻게 했을까를 고민해야 하니까요. 물론 환자가 의사 표현이 불가능해지기 전에 자기 생각을 피력했다거나 사전의료의향서를 남기는 경우도 있지만, 이 역시 무작정 신뢰할 수는 없습니다.

가족과 간병인 중 누가 환자를 가장 잘 알고 있을까요? 환자를 대변하고 환자에게 가장 유리한 쪽으로 생각하는 '객관적이고 독립적인 후견인'이 존재할 수 있을까요? 궁극적으로 '삶의 질'에 대한 객관적인 기준은 없기 때문에 의사들은 스스로 판단을 내려야만 합니다.

미끄러운 비탈길 이론

안락사 반대론자들은 일단 안락사를 허용하고 나면 안락사라는 개념

찬성 VS 반대

법제화 여부와 관계없이 안락사는 지금까지 있어 왔고 앞으로도 그러할 것이다.

―존 보스 네덜란드 암 연구자

죽음의 고통과 무력감, 상실과 불안에 있어 존엄한 것이라곤 없다. 죽음은 우리에게서 성취와 역사, 명예, 품위, 인간관계 등을 빼앗아 가며 우리 몸을 파괴한다.

―피터 젠슨 성공회 시드니 대주교, 2011

이 무차별적으로 남용될 것이라고 생각합니다. 이러한 현상을 '**미끄러운 비탈길(slippery slope)' 이론**이라고 불러요. 주로 처음 제기된 어떤 문제를 해결하지 않아서 점점 더 큰 문제가 발생하거나 대수롭지 않다고 여겼던 것들이 완전히 망가질 때까지 중단하기 힘들 때 적용됩니다.

미끄러운 비탈길 이론은 의무론자의 윤리관에 그 기반을 두고 있습니다. 어떤 상황에서도 규칙은 절대 깨져서는 안 된다고 주장하는 점에서 말이지요. 미끄러운 비탈길 이론의 관점에서 규칙이 깨지지 말아야 하는 이유는 한 번 깨진 규칙은 필연적으로 남용으로 이어지기 때문입니다. 예를 들어, 어떤 의사가 불치병에 걸린 환자가 고통스러운 삶을 이어가는 대신 죽을 수 있도록 마지못해 치료를 중지하는 데 동의를 했다고 생각해 봅시다. 한 번 이런 결정을 내린 의사는 다른 유사한 상황에서도 환자에게 죽음을 가져올 결정을 선택할 확률이 높아질 거예요. 그렇게 시간이 흐르다 보면 의사는 치료를 중지하는 데 동의하는 것 이상으로 환자의 죽음에 더 적극적으로 개입하게 될 수도 있습니다. 결국 이 의사는 치료자가 아닌 죽음의 **매개자**가 되어 버리는 것이지요.

안락사 반대론자들은 이러한 경계를 넘어 버린 의사들이 실제로 존재한다는 사실을 지적합니다. 죽음의 의사로 불리는 해럴드 시프먼은 영국 사회에 큰 충격을 일으킨 적이 있습니다. 가정의학과 의사인 해럴드 시프먼은 치사량에 달하는 모르핀을 주사해 200명이 넘는 노인과 여성 환자들을 죽게 했어요. 2006년에는 슈테판 레테르라는 독일 간호사가 치명적인 혼합 약물을 주사해 환자 29명을 죽게 한 혐의로 종신형을 선고받았어요. 하지만 안락사 찬성론자는 이 사례들을 안락사 반대

논거로 보지 않습니다. 이들이 자기만족을 위해 살인을 저지른 범죄자라는 점을 지적해 의료인에 대한 감독 강화의 필요성을 보여 주는 사례라고 주장하지요.

안락사 반대론자들은 아무리 제한적인 상황에만 안락사를 허용한다고 해도 미끄러운 비탈길 효과로 이어질 수 있다고 주장합니다. 한 번 받아들여진 안락사가 자칫하면 **나치** 치하의 독일처럼 집단 학살을 불러올 수도 있다는 것이지요.(77쪽 참조) 실제로 비교적 최근에 캄보디아와 르완다에서 집단 학살이 일어난 바 있습니다. 반대론자들은 이 사건이 법과 질서가 와해된 사회에서 어떤 일이 일어날 수 있는지를 단적으로 보여 준다고 지적합니다.

킬링 필드라 불리는 캄보디아 집단 학살 현장이 발굴되었다. 1975년부터 1979년까지 크메르루주 정권은 지식인, 정치인, 군인은 물론 국민을 개조한다는 명분 아래 노동자, 농민, 소수 인종 등 200여만 명을 살해했다.

안락사를 찬성하는 대다수의 사람들은 이러한 극단적인 사례들이 오늘날의 안락사와 거의 관련이 없다고 생각합니다. 현재 안락사는 한정된 상황에서 엄격한 감독 아래 이루어지기 때문이에요. 나치 치하 독일에서는 독재 체제가 의료 윤리를 무너뜨렸고, 정부를 견제할 독립적 사법 기구나 안락사 오남용에 주목할 독립적인 언론 기관도 없었어요. 또한 캄보디아와 르완다는 전쟁과 빈곤으로 **사회 시스템**이 망가진 상태였어요. 극단주의자가 권력을 쟁취할 수 있었고, 이러한 독재자가 적대자들을 숙청하고 집단 학살을 시작했지요. 이런 이유로 오늘날 민주 국가와 이들 국가를 비교하는 데는 무리가 있어요. 그래서 안락사 찬성론자들은 안정적이고 민주적인 사회에서는 극단적인 사례들이 일어날 수 없다고 주장하지요.

일부 안락사 반대론자들도 미끄러운 비탈길의 논리를 집단 학살까지 이어 가는 것은 과장되었다는 점에 동의합니다. 그리고 이들은 좀 더 민감한 논점을 제기하고 있어요. 이들은 어떤 형태로든 안락사가 허용되고 나면 감독이 엄격해도 의료 윤리가 지켜야 할 선이 모호해진다고 주장하지요. 급기야 인간 생명을 존중하는 정신마저 손상될 것을 우려합니다. 즉, 안락사가 죽음에 대한 개인의 선택권에 힘을 실어 주는 대신, 자신의 권리를 찾을 힘이 없는 노인과 장애인을 비롯한 취약 계층에게는 피해를 줄 수 있다는 것이지요.

사례탐구 헬렌

　오리건 주에 살고 있던 헬렌은 남편과 사별한 85세 노인으로 유방암 병력이 있다. 유방 절제술을 받았지만 그 뒤에 암이 재발했다. 오랜 고통에 시달리다 죽은 남편을 곁에서 지켜보았던 헬렌은 결국 치료를 거부했다.
　헬렌은 오리건 주의 존엄사 법에 따라 의사 조력 자살을 요청했다. 이때 헬렌은 병약했지만 정신적으로 건강했고 정서적으로도 차분했다. 헬렌은 안락사를 요청하는 청원서에 삶에서 더 이상의 의미를 찾기 어렵다고 했다. 헬렌은 존엄하지 못한 삶을 이어 가고 싶지도, 자신을 돌보는 가족들을 힘들게 하고 싶지도 않았다. 헬렌의 마음속에서 그녀의 삶은 이미 끝난 것과 다름없었다. 다만 헬렌은 남겨질 사람들에게 작별 인사를 하고 세상을 떠날 시점을 선택할 수 있기를 원했다.
　헬렌은 두 의사에게 안락사에 대해 상담했다. 두 사람 모두 헬렌의 상황에 공감을 표했지만 안락사를 도울 수는 없다고 했다. 첫 번째 의사는 존엄사 법에 반대했고, 의사가 조력 자살에 참여해선 안 된다고 생각했다. 두 번째 의사는 헬렌이 고통에 대한 두려움으로 남은 삶을 포기하려 한다고 생각하고 헬렌에게 완화 치료를 제시했다.
　헬렌과 그녀의 가족은 결국 세 번째 의사를 찾아가서야 안락사를 돕겠다는 답변을 얻었다. 이들은 헬렌이 바라는 죽음에 대해 논의하고 법적으로 필요한 사항들을 준비해 나갔다. 판단력과 감정에 대한 심리 검사를 통해 헬렌이 우울증 때문에 안락사를 원하는 것이 아니라는 점을 확인했다. 또한 다른 의사에게 헬렌의 암이 치료 불가능하다는 것도 재차 확인했다. 의사는 안락사 처방을 내렸고 가족들은 헬렌의 죽음을 준비하기 시작했다.

간추려 보기

- 의료 윤리는 의사와 환자의 관계를 규정하는 원칙이다.
- 의사는 의무론과 결과주의를 비롯한 다양한 철학적 관점을 통해 의료 윤리를 현실에 적용하기 위한 지침을 얻는다. 여기에는 어떤 상황에서든 환자의 생명을 살려야 하는지 혹은 환자의 안락사를 허용하거나 도와야 하는지에 대한 문제도 포함된다.
- 개인의 '삶의 질'을 측정하는 것은 무척 어려운 일이다. 특히 불치병에 걸렸거나 극심한 고통을 겪는 환자의 경우 더욱 판단하기 어렵다.
- 어떤 이들은 안락사를 허용하면 무차별 살인을 야기할 '미끄러운 비탈길'이 될 수 있다고 주장한다.

3
CHAPTER

안락사를 규제해야 할까요?

의료 윤리는 의사가 판단을 내리는 데 중요한 기준이 됩니다. 하지만 안락사 문제는 의료 윤리뿐만 아니라 종교나 법률 같은 다른 요소들도 영향을 미치지요.

의료 윤리는 의사가 판단을 내리는 데 중요한 기준이 됩니다. 하지만 안락사 문제는 의료 윤리뿐만 아니라 종교나 법률 같은 다른 요소들도 영향을 미치지요.

종교와 안락사

여러 국가에서 종교는 큰 영향력을 행사합니다. 때로는 종교가 사람들의 삶과 죽음에 관한 모든 요소를 관장하는 데 가장 중요한 기준이 되기도 해요. 사람들은 종교를 지키려고 노력합니다. 정부가 종교적 행위를 억압하거나 금지할 때에도 사람들은 자신의 집이나 은밀한 장소에서 종교의식을 치러 왔으니까요. 물론 오늘날에는 종교적 영향력이 사라진 국가도 많습니다. 국교가 없는 서양 국가에서는 대체로 종교를 개인의 문제로 여기지요.

종교 지도자들은 대중에게 영향력을 행사할 수 있는 위치에 있습니다. 그렇기 때문에 낙태나 안락사처럼 논란이 많은 문제에 대한 종교 지도자들의 관점은 상당히 중요하지요. 대부분의 종교에서 안락사를 반대합니다. 그래서 많은 사람이 확고한 종교적 신념을 바탕으로 안락사를 반대합니다. 이들 대부분이 생명은 신성한 것이므로 안락사를 허용해서는 안 된다고 생각하지요.

반면에, 어떤 이들은 종교를 그리 중요한 요소로 생각하지 않습니다. 결혼식이나 장례식은 종교적인 의식으로 치르지만, 이를 제외하면 이들의 일상에 종교가 끼치는 영향력은 크지 않습니다. 물론 또 다른 사람들 중에는 신의 존재를 알 수 없다고 생각하는 불가지론자나 신이 존재하지 않는다고 믿는 무신론자도 있어요. 하지만 불가지론자나 무신론자의 경우에도 윤리 사상은 여전히 종교적 영향력 아래에 있습니다. 그러나 이 사람들은 종교나 윤리 사상보다는 개인의 선택과 자율성에 더 큰 가치를 두고 있지요. 안락사 찬성론자 중 다수가 비종교적인 관점에

이슬람교도들이 사원에서 절을 하고 있다. 대부분의 다른 종교와 마찬가지로 이슬람교는 생명이 신성한 것이며 안락사는 금지되어야 한다고 주장한다.

러시아 로스토프온돈에서 10대 소녀 마르타 쉬커마노바(가운데)와 크리스티나 파트리나(뒤)가 이웃을 살해한 혐의로 유죄를 선고받고 있다. 두 소녀는 이웃 사람이 자동차 사고가 난 뒤 계속되는 고통을 견디다 못해 자신을 죽여 달라고 부탁했다고 주장했다. 두 소녀는 모두 징역형을 선고받았다.

서 안락사를 판단합니다. 이들은 특정 상황, 이를테면 불치병으로 고통을 받거나 쇠약해져 가는 상황이라면 죽음도 선택할 수 있길 바라지요.

법률과 안락사

많은 서양 국가에서는 종교 대신 법률이 사람들의 행위를 규제합니다. 적어도 공적인 영역에서는 그렇습니다. 그런데 법률 체계는 시간에 따라 변화하기 마련이에요. 정부에서는 여론을 바탕으로 새로운 법률을 제정하기도 합니다. 그 결과 일부 국가와 지방 정부는 안락사를 허용하는 법률을 통과시키기도 했지요.

의사는 환자가 최선의 결과를 얻을 수 있게 행동하며 의료 윤리를 준수해야 합니다. 동시에 반드시 법률의 테두리 내에서 진료해야 하지요. 하지만 안락사를 둘러싸고 의료 윤리와 법률이 충돌하는 경우가 종종 있어요. 이런 경우, 의사는 동료, 병원의 윤리 위원회, 환자와 환자 가족 등과 협의합니다. 법률 자체가 모호한 경우가 많아 의사들은 진료를 할 때 항상 법을 어기지 않으려 조심스럽게 행동해야 하지요. 징계를 받거나 법적 분쟁에 휘말릴 수 있기 때문이에요. 징계나 법적 분쟁이 일어나면 의사 자신의 삶은 물론 병원과 다른 환자들에도 그 영향이 미칠 수 있지요.

모든 국가의 법률은 생명을 앗아 가는 행위를 금지합니다. 안락사 반대론자들은 이 자체만으로 안락사가 잘못된 것이라는 증거가 될 수 있다고 생각합니다. 생명을 앗아 가는 행위는 살인이며 여기에 예외는 없다는 거죠. 그러나 20세기 후반부터 알바니아와 네덜란드를 비롯한 몇몇 국가에서 엄격하게 제한된 특정 조건만 충족하면 안락사를 허용하는

알아두기

2003년에서 2006년 사이 영국 의원 조엘 조페가 안락사 허용 법안을 네 번이나 제안했다. 이 법안이 통과되면 의사는 **불치병** 환자에게 죽음에 이를 수 있는 약물을 처방할 수 있게 된다. 안락사 법안은 정당을 초월하여 지지자와 반대자 사이에 격렬한 논쟁을 불러일으켰다. 안락사 법안을 검토하기 위해 특별 위원회가 설립되었지만 결국 2006년 부결되었다.

법률이 통과되었습니다. 이 법률은 격렬한 논쟁을 불러일으켰고, 안락사 반대론자들의 소송 대상이 되었어요.

오리건 주와 네덜란드의 사례

현재 안락사를 법으로 허용하거나 묵인한 국가에는 스위스, 미국의 오리건 주와 워싱턴 주, 알바니아, 네덜란드, 벨기에, 태국, 룩셈부르크 등이 있습니다. 오스트레일리아의 노던 주는 1996년 안락사를 **법제화**했다가 1997년에 폐지했어요. 일본에는 안락사와 관련된 법률이 없지만 소극적 안락사에 한해 허용한 판례가 있습니다.

미국 오리건 주는 1997년 존엄사 법을 통해 '의사 조력 자살'을 허용함으로써 미국 지방 정부 최초로 안락사를 허용했어요. 이 법률은 주민 투표로 상정되어 찬성 51.3%, 반대 48.7%의 투표 결과를 얻었지요. 1997년 추가 투표가 있었지만 결과를 뒤집는 데 실패하고 미 대법원을 통해 확정되어 지금에 이르고 있습니다.

오리건 주의 존엄사 법은 6개월 이내에 사망할 수 있다는 진단을 받은 불치병 환자에게는 안락사를 허용합니다. 이때 환자는 우울증이나 정신 질환이 없다는 의학적 판정을 받아야 하지요. 또한 환자의 안락사 요청을 확인할 증인 두 명이 있어야 하며, 그 중 한 명은 환자와 아무런 관련이 없는 사람이어야 합니다. 또한 환자의 의료 기록은 주치의가 아닌 다른 의사에게 검증받아야 하지요. 안락사 요청이 접수되면 환자는 15일간 유예 기간을 거친 뒤에 구두로 다시 한 번 요청해야 합니다. 이 모든 과정을 거쳐야만 담당 의사가 안락사를 도울 수 있습니다.

네덜란드는 매우 신중하게 안락사 법을 시행하고 있습니다. 네덜란드 정부는 전부터 일부 의사들이 불치병에 걸린 환자들의 안락사를 돕고 있다는 것을 묵인했어요. 이러한 의사 조력 안락사에 대한 국민 여론도 호의적이었지요. 네덜란드 정부는 2006년에 이르러 안락사를 합법화하는 법안을 승인했어요. 그 법안은 안락사를 허용하는 특정 조건을 명시하고 있습니다. 우선 해당 환자가 불치병 혹은 참을 수 없는 통증을 앓고 있어야 해요. 또 환자의 주치의는 지속적인 상담을 통해 환자가 진심으로 목숨을 끊고 싶은 의지가 있는지 확실히 확인해야 합니다. 다음으로 의사는 환자가 죽음을 선택한 것이 환자에게 최선인지 확신할 수

안락사 반대론자들이 스위스의 안락사 지원 전문 병원인 디그니타스가 독일 하노버에 지점을 설치하는 데 반대하는 집회를 벌이고 있다. 스위스에서는 안락사가 합법이지만 독일에서는 불법이기 때문에 안락사를 원하는 독일인들은 스위스로 관광을 가곤 했다. 안락사 목적의 관광 역시 논란의 대상이 되고 있다.

있어야 하며 주치의 외의 다른 의사가 상담에 참여하여 안락사 과정에 동의해야 합니다. 의사는 해당 환자의 안락사를 법으로 정한 절차에 따라 실행하고, 사후 이러한 과정 전체를 검사에게 보고해야 합니다. 만약 규정을 위반할 경우 의사는 처벌을 받을 수 있어요. 하지만 실제로 그러한 경우는 거의 없었습니다.

안락사 찬성론자는 오리건 주와 네덜란드의 안락사 사례야말로 정당하고 인도적이라고 주장합니다. 안락사 오용이나 남용을 막기 위한 엄격한 보호 장치가 있고, 해당 절차 중 적절한 시점마다 의학적 판단이 개입되기 때문이지요. 게다가 의사는 환자와 오랜 기간에 걸쳐 상호 신뢰 관계를 형성하게 되고, 마지막 순간까지 언제든 환자가 원하면 안락사 절차를 멈출 수 있어요. 그러나 안락사 반대론자는 이에 동의하지 않습니다. 이들은 오리건 주의 안락사 법이 간발의 차로 통과되었을 뿐 절대다수의 의견이 아니라고 주장하지요. 또한 네덜란드의 안락사 법안도 의사에게 자신의 행동에 대한 **면책권**을 줄 뿐이라고 반박합니다.

환자에게 선택권을 주어야 할까?

안락사 찬성론자 중 대다수가 안락사 선택권은 궁극적으로 환자에게 있어야 한다고 주장합니다. 당사자야말로 자신의 상황을 가장 잘 알고, 어떤 것이 가장 이익인지를 생각할 수 있기 때문이에요. 그래서 죽음을 선택하고 언제 어떻게 죽을 것인지 가장 잘 결정할 수 있다는 것이지요. 찬성론자는 이러한 논리가 의료 윤리 중 존엄성의 원칙과 자율성 존중의 원칙과도 일맥상통한다고 주장합니다. (30쪽 참조)

그런데 환자는 언제나 무엇이 자신에게 가장 이익이 될지 알고 있을까요? 또, 환자 자신이 바라는 바를 정확하게 표현할 수는 있을까요? 안락사를 고려하는 사람들은 대개 불치병에 걸렸거나 병으로 심각한 고통을 겪고 있어요. 우울증이나 정신 착란을 겪는 경우도 있으며 고독과 공포감에 시달리기도 하지요. 안락사 반대론자는 이렇게 중대한 결정을 내려야 하는 상황이 그들에게 존엄성과 자율성이 아닌 견디기 어려운 부담감을 줄 뿐이라고 주장합니다. 환자가 자신이 처한 상황에서 희망을 찾을 수 없다고 믿을 경우, 삶보다 죽음을 택할 가능성이 크다는 것이지요.

사전의료의향서

어떤 이들은 **사전의료의향서**를 통해 자신이 원하는 바를 표현합니다. 그러나 의사와 법원이 항상 이를 인정하는 것은 아니에요. 다만 사전의료의향서는 죽음이 임박한 상황에서 심폐소생술을 포기하거나 생명 유지 장치를 제거하는 경우에 상당한 영향을 미칩니다. 많은 사람이 이러한 상황은 엄밀히 따져서 안락사라 할 수 없다고 주장합니다. 단지 의미 없는 치료를 중단하고 안락사할 수 있는 환자의 권리를 인정하는 것에 불과하다는 것이지요.

사전의료의향서를 남기지 않은 사람들은 어떻게 할까요? 그럴 때는 자신이 원하는 바를 다른 이들에게 미리 말해 놓은 것을 참조할 수 있어요. 하지만 이런 진술은 대부분 본인이 심사숙고한 것이 아닐 수 있습니다. 그저 누군가가 '만약 이런 일이 나에게 일어난다면, 나는 살고 싶지 않다.'라고 말했던 것을 기억해 낸 것에 불과할 수도 있지요. 또 상황과 상대에 따라 서로 다른 이야기를 남기는 사람들도 있어요.

테리 샤이보(9쪽 참조)나 토니 블렌드(72쪽 참조)처럼 오랜 기간 **식물인간 상태**로 있던 사람들은 더욱 심각한 문제를 불러 일으킵니다. 이들은 젊은 나이에 갑지가 정상적인 생활이 불가능해졌어요. 이 경우 당사자가 사전의료의향을 밝힌 적이 있다고 하더라도, 의식 불명 상태에 빠지기 전에 말했던 것을 얼마나 믿을 수 있을까요? 어떤 이들은 환자가 의식 불명 상태에 빠지기 전에 바라던 바는 유효하지 않다고 주장하기도 합니다.

또 어떤 이들은 환자가 이성적인 판단을 할 수 없는 상황이라면 가족

판사가 테리 샤이보(9쪽 참조) 관련 법정 소송에서 증거를 검토하는 중이다. 변호사(오른쪽)는 테리의 남편인 마이클 샤이보를 대변하고 있다.

이 환자를 대신해 결정할 수 있어야 한다고 주장합니다. 심각한 질병에 걸린 아이의 경우를 생각해 봅시다. 이 아이의 부모라면 고통스럽기만 하고 효과가 불분명한 치료를 거부할 수도 있어요. 그러나 이러한 치료 거부 요청은 의료 기관이나 법원의 반대에 부딪히게 되겠지요.

환자의 가족이 매우 중요한 위치에 있는 건 틀림없어요. 환자의 삶과 죽음을 결정할 때 당연히 의사는 환자의 가족과 긴밀히 상의합니다. 그러나 테리 샤이보(9쪽 참조)의 가족처럼 구성원끼리도 서로 의견이 다를 수 있어요. 안락사 반대론자는 가족이 환자보다는 자신들을 위해서 안락사를 결정할 수 있다고 주장합니다. 이를테면 환자의 가족들이 심적·물적 부담을 없애려 하거나 유산 상속 혹은 보험금 등을 노릴 수 있다는 거예요. 안락사 찬성론자는 그런 경우에는 진실을 쉽게 파악할 수 있다고 말합니다. 이들은 또 가족이 환자를 사랑하는 것은 당연하기 때문에 환자에게 최선인 방향을 생각한다고도 주장합니다.

사례탐구 그레이엄 와일리

 2008년 호주 시드니에서 그레이엄 와일리의 동거녀 셜리 저스톤스와 친구인 카렌 제닝이 그레이엄에 대한 살인 혐의로 법정에 서게 되었다. 사건은 복잡했다. 그레이엄은 2003년 알츠하이머 진단을 받았다. **알츠하이머**는 기억력 상실과 정신 착란을 유발한다. 비록 생명에 지장을 주지는 않지만 환자의 인격을 붕괴시킬 수 있어, 환자는 다른 사람의 보살핌에 의존할 수밖에 없다. 2005년, 셜리는 그레이엄을 대변하여 합법적인 조력 자살을 요청하기 위해 스위스 안락사 지원 전문병원인 디그니타스에 연락했다. 성인이 된 그레이엄의 두 딸은 마지못해 셜리의 요청을 지지했다. 그러나 디그니타스 측은 그레이엄의 정신 상태를 이유로 요청을 거부했고, 두 딸 역시 안락사 지지를 철회했다. 이듬해 카렌은 가축 치료 목적 외에 사용이 금지된 약물인 넴뷰탈을 멕시코에서 입수하여 돌아왔다. 셜리는 이 약을 그레이엄에게 건네 그의 죽음을 도왔다. 처음에 셜리는 그레이엄에게 무슨 일이 일어났는지 모른다고 진술했지만 나중에 살인죄로 체포되었다. 재판 과정에서 셜리는 유죄를 인정했다.

 법원에서는 셜리와 카렌이 그레이엄을 왜 죽였는지 조사했다. 두 사람이 주장하는 것처럼 그레이엄의 요청 때문인지 아니면 금전적 문제가 개입되었는지 살펴봤다. 조사 과정에서 셜리와 카렌 모두 안락사에 찬성하는 단체인 '**엑시트 인터내셔널**(Exit International)'의 회원이라는 점이 밝혀졌다. 2008년 6월, 배심원들은 그레이엄 와일리가 스스로 목숨을 끊은 것이 아니라고 판단했다. 판사는 셜리 저스톤스에게는 우발적 살인 혐의로, 카렌 제닝에게는 살인 방조 혐의로 유죄를 판결했다. 이 사건은 몇몇 호주 주 정부에서 특정 조건하에 안락사를 합법화하는 것을 검토하는 가운데 일어나 대중과 언론의 큰 주목을 받았다.

찬성 VS 반대

1960년대의 낙태 문제처럼 불법적인 행위는 일반적으로 나쁜 사례와 나쁜 결과만을 낳게 된다. 적절한 법률로 이러한 행위를 수면 위로 부각시키고 제도화해야만 해당 문제가 조금이라도 진보할 수 있다.

―로드니 사임 박사 존엄한 죽음, 오스트레일리아 빅토리아 주, 2008

위법적인 안락사 방지를 위해 법적 조치나 보호 조치를 취하는 건 쉬운 일이 아니다. 또한 안락사를 허용했을 때 악용하려는 이들을 막는 방법도 찾기 어렵다.

―치앙 림 생존권, 오스트레일리아 뉴사우스웨일스 주, 2008

간추려 보기

- 대부분의 종교에서는 안락사를 반대하고 있다. 종교적 신념은 사람들이 안락사에 대한 견해를 결정하는 데 크게 영향을 미친다.
- 안락사는 대부분의 국가에서 법적으로 금지되어 있으며 의사들은 법적으로 허용되는 범위 내에서 진료해야 한다.
- 몇몇 국가에서는 특정한 상황에서는 안락사를 허용한다. 이러한 국가와 지방 정부에는 스위스, 네덜란드, 벨기에, 미국 오리건 주와 워싱턴 주 등이 있다.
- 어떤 사람들은 만약의 경우를 대비해 사전의료의향서를 남긴다.

수명 연장이 안락사에 미치는 영향

과거에는 의사가 환자에게 새로운 약물을 처방하거나 나이 많은 환자를 수술하는 것을 꺼렸습니다. 하지만 오늘날에는 그렇지 않아요. 인공관절 치환술이나 심장 수술로 나이 많은 사람들도 더 오랫동안 활발한 생활을 영위할 수 있지요.

성경에는 "우리에게 주어진 수명은 70세다."라고 적혀 있습니다. 얼마 전까지만 해도 70세는 '충분히 노쇠한 나이'로 여겨졌지요. 사람들 대부분이 그때까지 살지 못했으니까요. 미국인의 **기대 수명**을 살펴볼까요? 1900년 출생한 백인 남성의 기대 수명은 47세였고, 흑인 남성은 33세에 불과했어요. 백인 여성은 49세였고, 흑

오늘날 노인 인구가 급증하며 노년층의 수명 연장과 삶의 질에 대한 관심이 늘고 있다.

4. 수명 연장이 안락사에 미치는 영향 | 63

인 여성은 34세였지요. 그로부터 100년 뒤 인구 조사 통계에서 극적인 변화가 나타납니다. 백인 남성의 기대 수명이 75세, 흑인 남성은 68세, 백인 여성은 80세, 흑인 여성은 75세로 늘어난 것이지요.

기대 수명이 더 높은 나라도 있습니다. 일본 남성의 기대 수명은 78세이고 여성의 경우에는 85세입니다. 100살 넘게 사는 사람들도 수천 명에 이르지요. 왜 이러한 변화가 일어났을까요? 생활 수준이 향상되었고 전쟁은 감소했으며 과거에 비해 의학이 발달했기 때문이에요. 과거에는 의사가 환자에게 새로운 약물을 처방하거나 나이 많은 환자를 수술하는 것을 꺼렸습니다. 하지만 오늘날에는 그렇지 않아요. 인공관절 치환술이나 심장 수술로 나이 많은 사람들도 더 오랫동안 활발한 생활을 영위할 수 있지요.

노인 인구의 증가

노인 인구의 증가는 또 다른 문제를 일으킵니다. 모든 노인이 건강하지는 않습니다. 나이가 들어감에 따라 신체적으로나 심리적으로 쇠약해져 더 많은 도움이 필요할 수도 있어요. 또 배우자나 가족들 그리고 친구들이 세상을 떠나면서 노인들은 우울증과 고독감에 시달릴 수 있습니다. 신체적, 정신적 능력을 잃고 다른 사람에게 의존하게 되거나, 수년 동안을 병원 침대나 요양소에서 지내게 될까 봐 두려워하는 노인도 많아요. 그래서 죽음을 맞이하기 직전까지 삶에 대한 열의를 가지는 사람도 있지만 충분히 살았다고 생각하며 그저 '편안하게 죽기'를 바라는 노인들도 있습니다.

일각에서는 나이 들고 병약한 삶을 몇 달 더 유지하기 위해 값비싼 의료 자원을 써야 하는지 의문을 제기하기도 합니다. 하지만 노인들이 더 나은 건강 관리를 받을 자격은 충분합니다. 노인들이 지금까지 살아오면서 사회 구성원으로서 사회에 기여한 바가 매우 크기 때문이지요.

안락사 찬성론자는 병든 노인들에게 언제 죽을지 선택할 수 있는 권리를 주어야 한다고 말합니다. 그러나 안락사 반대론자는 안락사를 허용하면 우울증에 빠진 노인이 자신의 신체적, 정신적 안정을 찾게 해 줄 치료법을 찾는 대신 죽음을 선택할 수 있다고 반박하지요. 이들은 노인들에게 필요한 것이 보호와 도움이지 조력 자살이 아니라고 말합니다.

노인들은 질병과 장애 때문에 삶의 질이 낮아지기도 한다.

> **알아두기**
>
> 미국의 노년층 나이는 더욱 높아지고 있다. 1997년 65세에서 74세 사이 연령층(1,800만 명)은 1900년에 비해 8배 증가한 반면, 75세에서 84세 연령층(1,170만 명)은 16배, 85세 이상 연령층(390만 명)은 31배나 증가했다.

임신과 출산

의학이 발달하면서 임신과 출산 과정에도 적극적인 개입이 가능해졌습니다. 그리 오래되지 않은 과거에는 출산 과정에서 산모나 태아 모두 위험에 노출되는 경우가 많았어요. 지금도 개발이 덜 된 국가에서는 출산할 때 목숨을 잃는 사람이 많아요. 국제 연합 인구 기금(UNFPA, United Nations Population Fund)은 매년 여성 50만 명이 임신과 출산 과정에서 목숨을 잃는다고 추정하고 있어요.

좀 더 부유한 국가에서는 신생아가 생존할 확률은 과거에 비해 훨씬 높아졌어요. 의사와 **조산사**에 의해 분만이 안전하게 이루어지니까요. 또한 의사들은 한때 신생아의 목숨을 빼앗아 갔던 질병과 감염을 조기에 진단하고 치료합니다. 태아가 자궁에 있을 때부터 초음파 검사 등을 통해 몇몇 이상 징후들을 발견할 수 있어요.

너무 일찍 태어난 **조산아**의 생존율 역시 상당히 높아졌습니다. 20년 전만 하더라도 일반적인 임신 기간의 4분의 3에 해당하는 30주 이전에 태어난 아이가 생존할 확률은 극히 낮았어요. 그러나 오늘날 새로운 약

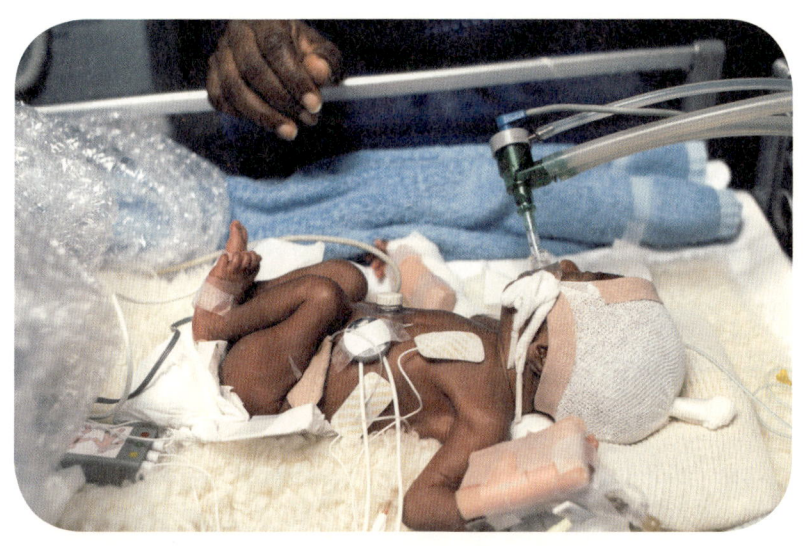

너무 일찍 태어난 조산아가 신생아 집중 치료실에 누워 있다. 과거에는 태어나기도 전에 죽거나 출산과 동시에 목숨을 잃었을 태아도 집중적인 치료 덕분에 생명을 유지하게 되었다.

품과 정교한 의료 기기가 등장하고, 전문 의료진이 쉬지 않고 진료하는 덕분에 더 많은 조산아가 생존할 수 있게 되었어요. 한 연구에 따르면 영국에서 1994년과 1999년 사이 25주차에 태어난 태아가 건강하게 집으로 간 비율은 36%였던 반면, 2005년에는 그 비율이 47%로 높아졌습니다. 그러나 24주 이전에 태어난 조산아의 생존율은 계속 낮은 수준이었고, 2005년에도 높아지지 않았어요. 왜 이들의 생존율은 여전히 낮을까요? 의사들은 의료 기술로 해결할 수 있는 한계가 거기까지라고 말합니다. 태아의 폐, 심장, 뇌가 너무 발달되지 않은 채로 태어나면 일반적인 발달 과정을 따라잡는 것이 불가능하다는 것이지요. 너무 많이 미숙하게 태어난 아이는 출산 시에는 생존하더라도 심각한 장애를 겪는

4. 수명 연장이 안락사에 미치는 영향

것으로 관찰되고 있습니다.

많은 의사가 이런 장애를 앓는 유아들이 질 높은 인생을 살아갈 수 있을지에 의문을 제기합니다. 이들은 조산아가 병원에서 집중 치료를 받더라도 집으로 돌아가면 보살핌의 수준이 낮아질 가능성이 크다고 지적하고 있어요. 보살핌이 너무나 많이 필요한 아이를 키우느라 가족들 역시 어려움을 겪게 되지요. 이때 부모는 아이를 얼마나 많이 사랑하는지와는 관계없이, 부모는 어떤 희생을 치르더라도 아이를 살리는 것이 옳은 선택이었는지 의문을 품을 수 있습니다.

물론 다른 의견도 있어요. 대다수의 사람이 모든 생명은 소중하기 때문에 어떠한 경우에라도 조산아를 살리기 위해 노력해야 한다고 생각합

불가리아의 어린이 센터에 있는 이 아이들처럼 신체적 혹은 지적 장애가 있는 아이들도 적절한 보살핌과 관심을 받으면 높은 수준의 삶의 질을 누릴 수 있다.

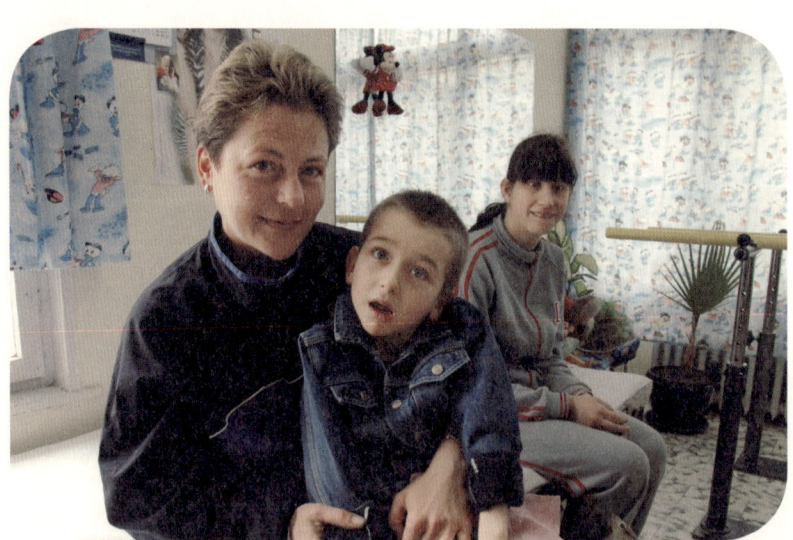

니다. 이들은 문제는 장애가 아니라 사회적 인식과 자원 부족이라고 주장하고 있어요. 장애인을 존중한다면 사회가 필요한 도움과 지원을 제공해야 한다는 입장이지요. 그러면 심각한 장애가 있는 아이들도 질 높은 삶을 즐길 수 있으며 몸짓과 표정, 접촉을 통해 자신의 의견을 얼마든지 표현할 수 있다고 말합니다.

삶과 죽음 사이

삶과 죽음 사이에 갇힌 이들의 안락사는 대중적으로 큰 주목을 받고 있습니다. 요즘은 환자가 혼수상태나 심장마비로 의식을 잃은 상태에도 의료 기술의 발달 덕분에 생명을 유지할 수 있어요. 이처럼 기술의 힘을 빌려 삶을 연장하는 것은 과연 옳은 일일까요?

뇌에 손상을 입었지만 외부의 도움으로 신체가 기본적인 기능을 하는 환자의 경우 가장 논란의 여지가 많습니다. 이러한 환자들은 스스로 눈을 깜박이거나 호흡을 할 수 있고, 팔다리를 움직이거나 미소를 짓고 울거나 웃을 수도 있어요. 비록 어떠한 상황에 감정적으로 반응하는 것은 아니지만 말이에요. 이들은 호흡과 혈액 순환을 관장하는 뇌의 일부 기능을 유지하고 있지만 생각과 감정, 자아를 주관하는 뇌의 기능이 일부 혹은 완전히 손상된 상태입니다.

연구자들은 의식이 전혀 없는 식물인간 환자와 최소한의 의식이 있는 상태(MCS, minimally conscious state)인 환자를 구분하고 있어요. **최소 의식 상태** 환자는 점차 회복할 수 있지만, 식물인간 상태라면 회복이 거의 불가능하지요. 때때로 식물인간 상태인 환자도 완전히 혹은 부분적으로 의식을 회복하기도 하지만 식물인간 상태가 오래 지속되면 회복될 확률은 낮아집니다. 환자가 식물인간 상태가 되면 어떤 가족은 죽음을 맞이하기 전 작별 인사를 할 기회로 여깁니다. 반면 이 환자가 언젠가는 회복할 거라고 믿으며 치료를 포기하지 않는 가족도 있어요. 식물인간 상태에 빠진 환자는 그 상태로 수개월 혹은 수년 동안 생명을 유지할 수 있습니다. 환자의 신체 기능이 자연스럽게 멈추기 전까지 말이지요. 그렇다 보니 식물인간 상태에 빠진 환자에게는 안락사가 정당하며 적절한 조치라는 주장이 자주 제기됩니다. 안락사 찬성론자는 식물인간 상태에 빠진 환자는 사실상 죽은 것과 마찬가지라고 여깁니다. 단지 인공적으로 산소나 영양을 공급해 신체가 생명을 유지한다는 것이지요. 그들은 이러한 행위가 환자의 존엄성은 물론 삶의 질도 해친다고 주장합니다. 가족 역시 큰 고통을 느낍니다. 아직 환자가 죽은 건 아니어서 다음 절차를 진행할 수도 없고, 금전적인 어려움이나 법률적으로 복잡한 문제를 겪을 수도 있기 때문이에요. 이러한 상황에서는 환자를 살려두는 것이 오히려 비윤리적이라고 안락사 찬성론자들은 주장하고 있어요.

    안락사 반대론자들은 생명이 신성한 것이며 그 어떤 경우에도 보호되어야 한다고 주장합니다. 물론 몇몇 가족은 환자가 죽는 것을 바라기도 하겠지만, 대부분은 사랑하는 사람이 죽는 것을 원하지 않기 때문이지요. 게다가 현실적으로 식물인간 상태에 대해 정확히 진단을 내리는 것은 매우 어려운 일이라고 해요. 식물인간 상태 진단을 받은 환자가 나중에 최소 의식 상태라고 밝혀지고 회복된 사례가 있기 때문이에요. 이들은 죽음은 한번 결정하면 만약 오류가 발견되었다고 하더라도 되돌릴 수는 없다는 점을 강조합니다.

찬성 VS 반대

신중한 고민 끝에 가족들은 영양 공급 호스를 제거하는 데 동의하며 토니도 이렇게 하기를 원했을 것이라고 생각했다. 토니의 아버지는 확신에 찬 어조로 말했다. "이 아이는 결코 이렇게 남겨져 있기를 원치 않았을 겁니다."

—고프 경 대법관, 토니 블렌드 사건 판결문, 1993년

우리는 이 결정이 위험한 데다 만족스럽지 않다고 생각한다. 모든 적법한 방법을 동원해 이 결정에 반대할 것이다.

—키스 데이비스 반 안락사 단체 라이프(Life)의 대변인, 1993년

알아두기

식물인간 상태인 환자들은 미국에서만 1만 5,000명으로 추정된다. 최소 의식 상태인 환자들은 10만 명에 이른다.

사례탐구 | 토니 블렌드

1989년 4월 15일 인파로 가득 찬 셰필드의 축구 경기장에서 펜스가 무너지면서 96명이 사망하고 700여 명이 부상을 당하는 끔찍한 사고가 벌어졌다. 이때 군중 속에 깔린 수백 명 중 하나였던 토니 블렌드의 삶은 사고 이후로 완전히 변해 버렸다. 토니는 그날 사망하진 않았지만 심각한 상처를 입었고, 뇌의 산소 공급이 끊겼던 탓에 그 뒤 의식을 회복하지 못했다.

토니의 가족은 수개월 동안 병상을 지키면서 토니의 의식이 회복되기를 기도했다. 신경과 의사들은 토니의 뇌가 영구적인 손상을 입었으며 전혀 제 기능을 하지 못한다고 진단했다. 토니는 식물인간 상태로 분류되어 인공적으로 영양을 공급받고 전문적인 간호를 받으며 신체적으로는 생명을 유지할 수 있었다.

토니가 회복되거나 호전될 가능성이 없어 토니의 주치의는 토니의 가족과 그들이 바라는 바에 대해 상담했다. 토니의 가족은 그의 생명을 유지시키던 영양과 물 공급을 중단하기로 결정했다. 그러나 주치의가 살인죄로 **기소**될 가능성도 있었기 때문에 병원은 법원에 이 사건에 대한 판단을 내려 달라고 요청했다. 토니가 자신의 의사를 표현할 수 없는 상황이었기 때문에 법원은 보호자를 대변인으로 지정했다. 법원은 병원이 치료를 중단해도 좋다는 판결을 내렸다. 하지만 사안의 중대성을 감안하여 정부 측의 항소를 받아들였다. 증언대에 선 의사들은 토니가 회복 가능성이 없다고 증언했고, 결국 최고 법원은 원판결을 유지했다.

토니는 의사들이 생명 유지 장치들을 제거한 날로부터 10일 뒤인 1994년 3월 3일에 세상을 떠났다. 토니의 사례는 영국 법률 역사상 법정에서 치료를 포기함으로써 죽음을 허용한 최초의 판례가 되었다. 1994년부터 2000년 사이, 영국과 웨일스에서 이와 유사한 소송이 18건 있었다.

안락사를 반대하는 사람이 토니 블렌드가 치료를 받다가 죽은 병원 앞에서 시위를 하고 있다.

간추려 보기

- 사람들의 수명이 늘어나면서 건강과 관련한 새로운 문제가 등장하고, 의료 자원에 대한 추가적인 지출이 발생했다.
- 의학의 발달로 더 많은 조산아의 생명을 구할 수 있었지만 더 많은 보살핌을 필요로 하는 장애아들도 늘어났다.

안락사의 악용

CHAPTER 5

많은 장애인이 오늘날에도 차별과 편견에 시달리고 있으며, 나치의 T-4 작전은 이러한 차별과 편견의 가장 극단적인 형태라고 할 수 있지요.

수많은 장애인이 안락사가 특히 장애인에 악용될 가능성이 있다며 안락사를 반대하고 있습니다. 유아와 어린이일 때는 물론 성인이 되고 나서도 안락사가 장애인에게 불리하게 적용될 가능성이 있다는 것이지요. 특히 과거 정부 차원에서 장애인을 핍박하던 사례는 이러한 상황을 잘 보여 줍니다.

나치 치하의 독일

가장 극단적이면서도 악명 높은 사례는 국가 사회주의 독일 노동자당(나치당)에서 1933년부터 1945년까지 추진했던 'T-4 작전'을 들 수 있어요. 아돌프 히틀러(Adolf Hitler)가 이끄는 나치당은 자신들에게 반대하는 세력뿐만 아니라 유대인과 집시들을 감옥에 가두었습니다. 나치당은 '순혈주의'를 주장하며 신체적인 완벽함을 추앙했어요. 그래서 신체적·정신적인 장애가 있는 이들을 적대시했지요.

1938년, 히틀러는 T-4 작전을 승인하여 지적 장애가 있는 어린이들을 격리하는 한편 장애아를 돌보는 종교 자선 단체들을 폐쇄했습니다. 장애 아동이 있는 가정에서는 아이가 잡혀가지 않도록 숨겼어요. 잡혀

간 아이들은 의학 실험의 대상이 되었고, 다른 아이들은 방치되어 굶어 죽거나 죽임을 당했기 때문입니다. 나중에 이 T-4 작전은 장애가 있는 성인들에게까지 확장되었지요. 처음에는 독일, 나중에는 다른 점령지에서도 끔찍한 살인이 일어났어요.

가톨릭교회는 T-4 작전을 비난했습니다. 1941년 뮌스터 주교인 폰 갈렌은 다음과 같이 강론했어요. "우리는 지금 우리 동포, 우리의 형제자매들에 대해 이야기하고 있습니다. 굳이 말하자면 비생산적이고 불쌍한 이들이지요. 그렇지만 그런 이유로 이들의 살아갈 권리를 빼앗을 수 있겠습니까?" 그럼에도 전쟁이 끝날 무렵 이 T-4 작전 때문에 목숨을 잃은 장애 아동과 성인들의 숫자는 수십만 명에 이르렀습니다. 나중

> 나치당은 대중에게 장애 아동을 가족과 사회의 짐으로 인식시키려 했다. 이는 장애 아동을 가족들에게서 격리해 죽일 때 대중의 저항을 줄이기 위해서였다.

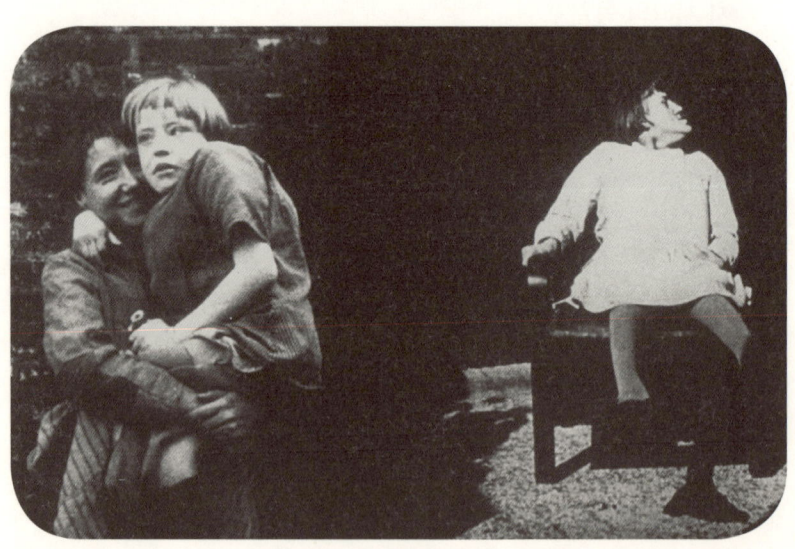

독일 뮌스터의 가톨릭교회 주교인 폰 갈렌은 장애인 수십만 명을 죽음으로 몰고 간 T-4 작전을 공개적으로 비판했다.

에 이 살육에 책임이 있는 몇몇 이들은 동맹군의 전범 재판에 세워져 형을 선고받았어요.

많은 장애인이 오늘날에도 차별과 편견에 시달리고 있으며, 나치의 T-4 작전은 이러한 차별과 편견의 가장 극단적인 형태라고 할 수 있지요. 안락사 반대론자들은 안락사가 허용되면 주류 사회에서 삶의 가치를 인정받지 못하는 장애인들이 안타깝게 목숨을 잃는 사례가 발생할 거라고 주장합니다.

안락사 찬성론자 또한 나치의 정책을 비난하지만 이는 범죄 행위이므로 오늘날 안락사 개념과는 공통점이 없다고 강조하고 있습니다. 즉, 이들은 T-4 작전이 대량 학살로 취약 계층의 사람들을 제거하기 위해 정부가 고안한 것이고, 안락사는 개인의 죽음에 대한 선택권을 주고 특정 상황에서만 신중하게 행해질 거라 말하고 있어요.

안락사 반대론자는 안락사 허용이 특정 상황과는 관계없이 장애인들을 위협할 수 있다고 말합니다. 어떤 사회 정책이 과거에 악용되었다는 사실은 미래에도 얼마든지 같은 일이 일어날 수 있다는 것을 보여 준다는 것이지요.

찬성 VS 반대

안락사 법의 대상은 장애인이 아니라 불치병 환자이다. 동등한 권리를 얻기 위해 평생을 장애 속에서 싸워 온 장애인들은 강인하다. 이런 장애인들이 왜 생의 마지막 6개월에 들어서 갑자기 망가질 것으로 생각하는가?

―조엘 조페 의원 영국의 인권 변호사이자 자발적 안락사 운동가

현재 안락사 논쟁은 장애인들의 삶의 질에 대한 편견을 바탕으로 논의되고 있다. 이러한 논의에서 장애인의 목소리는 거의 반영되지 않는다. 또한, 이 논쟁에서 장애인의 삶에 대한 권리도 다루어지지 않는데 이것은 반드시 고쳐야 한다.

―리즈 세이스 정책 책임자, 영국 장애인 권리 위원회, 2003년

장애와 안락사

지난 50년 동안 장애인들은 장애인 인권을 증진하기 위해 여러 단체를 설립했습니다. 이러한 단체들의 가장 독특한 특징은 자신들의 목소리를 직접 내려고 한다는 점이에요. 장애인 단체에서는 정부와 의료 전문가들이 장애인의 말에 좀 더 귀 기울일 것을 촉구하고 있습니다.

장애인들은 종종 자신의 삶이 건강한 사람들의 삶보다 더 낮은 가치 평가를 받는다고 말합니다. 그래서 평등하게 존중받지 못한다는 것이지요. 다운 증후군에 걸린 아이들을 예로 들어 봅시다. 이 아이들은 많은 경우 심장에 문제가 있었습니다. 이 아이들은 정상인에 비해 할 수 있는 일이 거의 없는 것으로 여겨졌어요. 그러나 다운 증후군을 앓는 이들도 대학교까지 진학하고 직장에 다닙니다. 과거에는 다운 증후군이 있다는 이유로 심장 수술을 거부당하는 일도 있었어요. 다른 건강한 아이들이라면 당연히 받을 수 있던 수술인데도 말이지요. 오늘날, 이러한 일이 일어날 확률은 눈에 띄게 줄었습니다. 바로 장애인 단체와 이를 지지하는 이들이 지속적인 사회 운동을 펼친 덕분이에요.

그러나 여전히 많은 장애인은 비장애인들과 동등한 치료를 받지 못한다고 주장합니다. 특히 생명이 위험한 상황에서 말이에요. 장애인의 목숨이 위험한 경우, 그를 살리기 위해 적극적인 조치가 취해질 확률은 일반인에 비해 무척 낮습니다. 살고 싶다는 의지를 분명하게 드러내더라도 '심폐소생술 포기' 통지를 받는 경우도 많습니다. 장애인들은 단지 장애인이라는 이유로 많은 의사로부터 열등한 취급을 당한다고 주장합니다. 장애인은 삶의 질이 낮아 장애를 가지고 살기보다는 죽는 것이 낫

다운 증후군을 앓는 어린이가 어린이집에서 장난감을 가지고 놀고 있다. 예전에는 이런 아이들은 교육을 제대로 받지 못했지만 오늘날 다른 아이들과 함께 학교에 다닐 수 있게 되었다.

다는 사회의 일반적인 태도가 의사에게서도 발견된다는 것이지요.

장애인 사회 운동에 적극적인 사람들은 안락사를 법적으로 허용하거나 사회적으로 용인하는 데 반대합니다. 이들은 사회가 장애인의 삶을 열등하다고 판단해서는 안 되며, 비록 극도의 고통 속에 있다 하더라도 죽음은 해답이 될 수 없다고 주장합니다. 또한 안락사를 인정하면 장애인들이 필연적으로 큰 피해자가 될 수밖에 없다고 생각합니다.

사례탐구 제인 캠벨 의원

　제인 캠벨은 영국 사회 개혁가이자 장애인 권리 운동가이다. 또한 자립 생활 센터의 설립자이자 영국 정부의 인권과 평등 위원회의 위원이기도 하다.
　제인은 척수성 근위축이라는 선천성 난치병을 앓고 있지만, 휠체어와 호흡 보조 기구, 컴퓨터의 도움으로 활동적인 삶을 영위하고 있다. 2003년 1월, 제인은 심각한 폐렴 증상으로 병원에 실려 갔다. 제인을 치료하던 의사가 말했다. "호흡 부전이 발생하면 당신도 인공호흡기를 통한 소생술을 원하지 않을 거예요." 제인이 왜냐고 묻자 그 의사는 인공호흡기 없이 살아날 확률이 매우 낮으며, '나 같으면 그런 식으로는 살고 싶지 않기 때문'이라고 말했다. 제인이 심폐소생술 거부는 곧 죽음을 의미하므로 인공호흡기를 원한다고 말했을 때에야 의사는 그렇게 말을 하지 않았다.
　다음 날, 제인이 중환자실에 있을 때, 또 다른 의사가 똑같은 이야기를 했다. 제인은 의사들의 이러한 태도가 몹시 당혹스러웠다. 제인의 남편은 집에 돌아가 제인이 박사 학위 수여식에서 가운을 입고 찍은 사진을 들고 왔다. 그는 의사들에게 사진을 들이밀면서 말했다. "보시오, 여기 이게 내 아내요. 지금 당신들이 겉모습만 보고 속단하는 그런 사람이 아니란 말이오. 당신들은 이 상황에서 다른 환자에게 하듯 제인에게도 최선을 다해 치료해야 하오. 제인은 젊고 아직 살아갈 이유도 무수히 많으니까." 의사들은 그제야 제인이 원하는 대로 최선을 다해 치료했다. 제인 캠벨은 나중에 이렇게 회고했다. "치료를 받기 위해 이런 식의 노력이 필요하면 안 되죠. 그건 당연히 내 권리였으니까요. 생명권 말이에요."
　2006년, 제인은 영국 상원의 무소속 의원이 되었다. 이제 제인은 의원으로서 영국에서 안락사 합법화를 반대하는 운동을 전개하고 있다.

안락사 반대론자는 치료비가 비싼 국가에서는 경제적 부담 또한 장애인에게 불리하게 작용한다고 주장하지요. 장애인 스스로 가족들에게 금전적 부담을 주는 존재라고 생각할 수도 있기 때문이에요. 또 치료비가 비싸면 장애인들이 좀 더 저렴하고 열등한 치료를 받도록 압박당하거나 아예 치료를 포기하도록 종용받을 수도 있습니다. 이러한 과정에서 안락사가 장애인을 죽음으로 몰고 가는 수단으로 오용될 것이라고 주장하는 것이지요.

그러나 안락사 찬성론자는 장애인 단체가 현대의 안락사 지지 운동을 잘못 이해하고 있다고 주장합니다. 이들은 안락사가 제한적인 상황에서 개인의 선택을 강조하는 거라고 말합니다. 게다가 장애인 운동이 병에 걸린 환자나 장애인들 모두를 대변하는 것은 아니라는 점을 지적하면서 개인 각자에게 결정 권한이 있어야 한다고 주장하지요.

간추려 보기

- 나치는 T-4 작전으로 장애가 있는 아이들과 성인들 수십만 명을 죽음으로 내몰았다.
- 장애인들은 의료 서비스에서 차별을 당하고 있다.
- 장애인 단체들은 안락사가 장애인에게 불리하게 적용될 거라고 주장하며 안락사를 반대한다.

6 CHAPTER

안락사가 존엄한 죽음을 보장할까요?

안락사 논쟁에서는 '존엄한 죽음'에 대한 개념을 자주 보게 됩니다. 안락사 찬성론자에게 이 개념은 죽음이 평화롭고 고통스럽지 않아야 할 뿐만 아니라, 언제, 어디서 그리고 어떤 방법으로 죽을 것인지를 선택할 수 있어야 한다는 의미로 쓰여요.

안락사 논쟁에서는 '존엄한 죽음'에 대한 개념을 자주 보게 됩니다. 안락사 찬성론자에게 이 개념은 죽음이 평화롭고 고통스럽지 않아야 할 뿐만 아니라, 언제, 어디서 그리고 어떤 방법으로 죽을 것인지를 선택할 수 있어야 한다는 의미로 쓰여요. 안락사 반대론자들은 평화롭고 고통스럽지 않은 죽음이 이상적이라는 데는 동의하지만 살아가는 동안 삶의 질을 유지하는 것이 더욱 중요하다고 생각합니다.

선택권과 고통 완화 치료

많은 이들에게 죽음은 갑작스러운 것이고 고통스러운 것입니다. 매년 전 세계적으로 젊은이 40만 명이 25세가 되기도 전에 교통사고로 사망합니다. 전염병, 암, 심장 질환으로 세상을 떠나는 경우도 있어요. 이러한 죽음에 선택의 여지는 없습니다.

안락사 찬성론자는 네덜란드의 경우를 주목합니다. 네덜란드에서 안락사를 선택하는 사람들은 대부분 집에서 가족과 친구들과 작별 인사를 마치고 주치의의 보살핌 속에서 죽음을 맞이하지요. 일반적으로 이들

죽음은 예고 없이 갑작스럽게 찾아올 수 있다. 매년 전 세계 130만 명이 교통사고로 사망한다.

의 죽음은 환자에게 익숙한 환경 속에서 평화롭고 고통 없이 이루어집니다.

안락사 반대론자는 완화 치료법의 발전으로 환자가 의사에게 안락사를 도와 달라고 부탁할 필요가 없어졌다고 주장합니다. 완화 치료법은 회복보다는 고통을 덜어 주고 삶의 질을 향상시키는 데 중점을 두지요. 환자의 고통을 덜어 주기 위한 치료 방법으로는 진통제 처방이나 영양과 호흡을 위한 보조 수단 제공 등이 있어요. 완화 치료법의 목적은 환자가 편안하게 생활할 수 있게 도와주면서, 가족이 환자의 죽음을 준비할 수 있도록 하는 데 있습니다. 완화 치료는 병원과 요양소, 양로원뿐만 아니라 환자의 집에서도 많이 이루어지고 있어요.

안락사 찬성론자는 완화 치료법의 발전을 환영하지만 완화 치료법으로도 환자의 고통을 줄이지 못하면 안락사를 선택할 수 있게 해야 한다고 주장합니다. 이들은 안락사를 법적으로 허용하는 미국 오리건 주에서도 수준 높은 완화 치료법이 널리 퍼져 있다는 점을 지적하지요. 한 연구에 따르면 미국 오리건 주에서 안락사를 신청한 수백 명 중에서 단 한 명을 제외하고는 모두가 완화 치료를 받았다고 말해요. 네덜란드에서도 상황은 유사합니다.

안락사 반대론자는 안락사 과정에도 고통이 뒤따른다고 반박합니다. 안락사를 위해 투여한 약물이 항상 빠르고 효과적으로 작용하지는 않기 때문이지요. 극단적인 경우, 식물인간 상태에 빠진 환자가 안락사에 이르는 며칠 동안 굶주림과 탈수를 겪기도 합니다. 비록 약물에 따라 이러한 과정이 짧아질 수는 있지만 말이에요. 안락사 찬성론자는 안락사 과정 중에도 더 나은 약물과 더 발전된 완화 치료법이 필요하다고 주장합니다.

알아두기

2007년, 의료 윤리 저널에서는 미국 오리건 주와 네덜란드에서 시행된 수백 명의 '의사 조력 자살' 사례에 대해 유타 대학에서 진행한 연구를 소개했다. 안락사를 선택한 환자들의 평균 나이는 70세였으며, 대부분이 암 투병 중이었다. 이 연구에서는 안락사가 취약 계층을 죽이거나 경제적인 이유로 죽게 한 증거를 발견할 수 없었다.

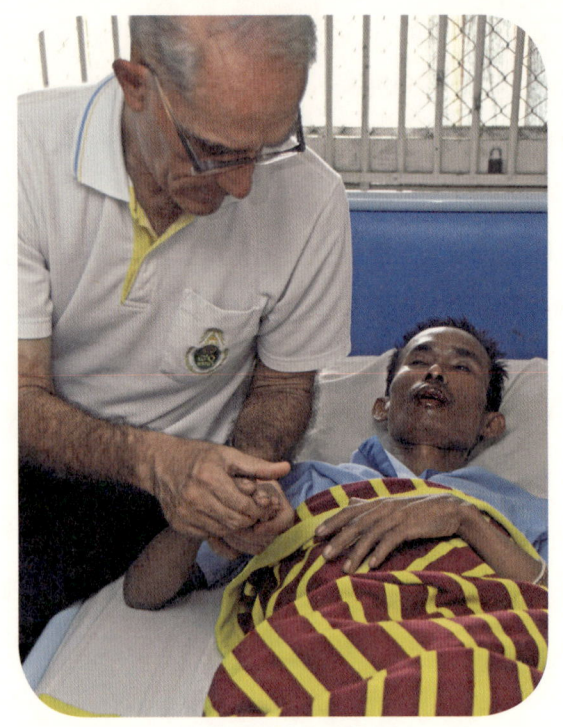

태국에서 에이즈로 죽어 가는 환자가 미국 마이클 바사노 신부의 위로를 받고 있다. 바사노 신부는 불교 사원에 마련된 에이즈 환자 요양소에서 고통 완화 치료 봉사를 하고 있다.

고통 속의 삶

퇴행성 질환이나 불치병에 걸린 이들이 안락사를 가장 적극적으로 지지하고 있습니다. 이들 가운데는 운동 신경 질환, 다발성 경화증과 암 투병 환자들이 많아요.

현대 의학이 이러한 질병을 진단하고 수명을 좀 더 연장시킬 수는 있지만 치료법을 제공하거나 고통을 완전히 없앨 수 없습니다. 어떤 이들은 너무 괴로운 나머지 살아도 사는 게 아니라고 생각하기도 하지요. 이 환자들은 자신의 병세가 악화될 것을 잘 알고 있어요. 그리고 신체 기능이 지금보다 저하되면 결국 다른 사람들이나 산소 호흡기와 같은 기계에 의존해야 한다는 사실을 두려워합니다. 이러한 상황에서 이들 중 일부는 어떠한 희생을 치르더라도 목숨을 부지하기보다는, 원하는 시간에 원하는 장소에서 죽음을 맞이할 수 있기를 바라지요.

어떤 사람들에게는 아무런 의미 없이 삶을 이어가는 것이 더 큰 고통일 수 있습니다. 이들은 삶에서 어떤 즐거움도 찾지 못하고 안락사로 고통에서 벗어나고 싶어 해요. 안락사 반대론자는 완화 치료법이 발전하고 있으며 새로운 진통제가 개발되고 있다는 점을 지적합니다. 하지만 이러한 치료법이나 약물이 항상 효과적이진 않을뿐더러 자신의 삶을 마무리하는 마지막 몇 주나 몇 개월을 약에 취한 상태로 보내기를 원하지 않는 환자도 있어요.

한편, 고통이 안락사를 결정하는 주된 이유가 아니라는 주장도 있습니다. 많은 이들이 고통을 견디며 오랜 시간을 살아왔다는 것이지요. 이 주장은 오히려 존엄성과 자율성을 잃는 게 두려워 환자들이 죽음을 원할 수도 있다고 설명합니다. 가장 기본적인 생리 욕구를 충족시키기 위해서 다른 사람에게 완전히 의존하게 되는 것도 환자들이 죽음을 원하는 이유가 될 수 있어요. 이런 환자들은 안락사가 존엄한 죽음을 맞이할 수 있게 해 준다고 주장하지요. 이 경우 안락사가 법적으로 허용되지 않으면 환자의 죽음을 돕는 의사나 가족들이 살인이나 자살 방조 혐의로 법정에 서는 곤란한 상황이 벌어집니다.

안락사 반대론자는 상황이 아무리 어렵다고 하더라도 사람들에게 죽음을 선택할 권리를 주어서는 안 된다고 주장합니다. 심각한 상황에 부닥친 이들이 언제나 합리적인 선택을 할 수는 없기 때문이지요. 더 중요한 것은 안락사 허용이 미끄러운 비탈길의 시작이 될 수 있다는 것이에요. 일단 퇴행성 질환이나 불치병에 걸린 이들에게 죽음을 결정할 권리를 주게 되면 이러한 권리가 더 의존적이고 취약한 다른 계층에게까지 악용될 우려가 있습니다.

사례탐구 다이엔 페티

다이엔 페티라는 이름의 영국 여성은 40세가 되던 해에 운동 신경 질환 진단을 받았다. 운동 신경 질환은 치료 불가능한 퇴행성 질환으로 근육을 제어하는 신경 세포들이 서서히 파괴되는 질병이다. 이 병에 걸린 환자는 걷거나 말하거나 숨 쉬고 삼키는 것도 혼자서 할 수 없게 된다.

진단받은 지 4개월도 지나지 않아, 다이엔은 휠체어를 사용해야 했고 일상생활에서 모든 것을 가족들에게 의존하게 되었다. 다이엔은 너무나 고통스러웠고 결국 남편에게 삶을 끝낼 수 있도록 도와 달라고 청했다. 그러나 영국에서 안락사와 조력 자살은 법적으로 허용되지 않았다. 2001년 8월, 다이엔은 기소국장에게 서면으로 남편인 브라이언이 그녀의 자살을 돕더라도 기소되지 않을 수 있는 면책권을 달라고 요청했다.

기소국장은 면책권을 거부했고 다이엔과 그녀의 가족은 법적 절차를 밟아 이 사건을 법원으로 가져갔다. 먼저 영국 고등법원에서 시작하여 영국의 대법원에 해당하는 법관 의원의 재심까지 올라갔다. 하지만 양 법정은 모두 영국 법률이 조력 자살이라는 개념을 허용할 준비가 되지 않았다고 판결했다. 마지막 단계는 **유럽인권재판소**에 청원을 넣는 것이었다. 다이엔은 극심한 고통을 겪고 있었지만, 2002년 3월 12시간에 걸친 여행 끝에 법정 심리에 참석했다. 한 달 뒤, 유럽인권재판소의 판사들 역시 다이엔의 항소를 기각했다.

다이엔의 상황은 영국에서 커다란 동정론을 일으켰다. 의회의 의원 중 일부는 법률 개정을 추진했다. 또한, 텔레비전 다큐멘터리 프로그램은 유럽인권재판소가 있는 프랑스 스트라스부르까지 찾아간 그녀의 여정을 화면에 담았다. 그러나 모든 이들이 다이엔의 행보를 찬성하지는 않았다. 특히 장애인 단체들은 반대 입장을 분명히 드러냈다.

다이엔 페티는 2002년 5월 11일 그녀의 집 가까이에 있는 요양소에서 죽음을 맞이했다. 그녀는 호흡 곤란을 겪은 뒤 혼수상태에 빠졌다. 다이엔의 남편은 그녀를 자랑스러워하며 "다이엔이 드디어 자유를 얻게 되어 기쁘다."라고 말했다.

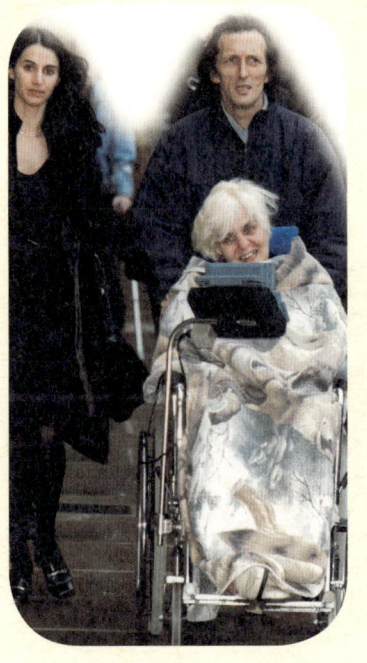

심각한 장애를 겪고 있던 다이엔 페티는 자기 죽음을 선택할 수 있는 권리를 위한 운동을 계속했다.

간추려 보기

- 안락사를 찬성하는 사람들은 안락사를 언제, 어디서 그리고 어떤 방법으로 죽을 것인지를 선택할 수 있는 존엄한 죽음이라고 생각한다.
- 불치병을 앓고 있거나 극심한 고통을 겪는 환자들 중에는 안락사를 적극적으로 지지하는 사람들도 있다.
- 안락사 반대론자는 완화 치료법이 발전하면서 안락사의 필요성이 사라지고 있다고 주장한다.

오늘날 안락사를 어떻게 바라봐야 할까요?

1960년대부터 의학의 발달과 사회적 태도의 변화로 여러 국가에서 새로운 안락사 지지 운동이 시작되었습니다. 안락사가 제도화될 가능성이 없는 국가들에서도 안락사 지지 운동은 논란을 불러일으켰어요.

안락사를 추진하는 단체 중 일부는 우생학 운동의 일환으로 20세기 초반에 설립되었습니다. **우생학**은 '약한' 개인들 이를테면 신체적 혹은 정신적으로 장애가 있는 아이들을 추려 냄으로써 인류를 '향상'시킨다는 데 초점을 맞춘 학문이에요. 강인

▎디그니타스는 안락사가 합법화된 스위스에 있는 안락사 지원 전문 병원이다.

한 개체를 만들기 위해 주로 특성이 유사한 동물끼리 짝을 지어 주는 인위적 세대 형성 방법과 안락사를 활용했지요. 하지만 제2차 세계 대전이 끝난 뒤, 독일 나치당의 잔혹한 행태(77쪽 참조)가 세상에 알려지면서 우생학에 대한 지지가 사라졌고 안락사에 대한 관심도 사그라졌어요.

그러나 1960년대부터 의학의 발달과 사회적 태도의 변화로 여러 국가에서 새로운 안락사 지지 운동이 시작되었습니다. 안락사가 제도화될 가능성이 없는 국가들에서도 안락사 지지 운동은 논란을 불러일으켰어요.

안락사 지지 단체와 반대 단체

안락사를 지지하는 단체는 안락사에 대한 활발한 논의를 주도합니다. 이들 대부분은 사람들이 안락사를 제대로 이해할 수 있도록 정보를 제공하고 있어요. 또 정부가 특정 조건하에서 안락사를 제도화하도록 하는 데 주력하지요. 이들은 안락사를 개인의 선택, 자율성, 존엄성을 존중하는 행위라고 생각합니다. 대부분의 안락사 지지 단체들이 안락사나 조력자살을 직접 수행하지는 않지만, 몇몇 단체에서는 안락사를 원하는 개인에게 좀 더 적극적인 도움을 줄 수 있는 단체를 연결해 주지요.

물론 환자들이 죽음을 맞이할 수 있게 직접적으로 돕는 안락사 지지 단체도 있습니다. 이들의 활동은 안락사가 합법인 스위스 등 몇몇 국가에서만 허용될뿐더러 논란의 대상이 되고 있어요. 가장 널리 알려진 안락사 지지 활동가는 미국 미시간 주 의사 잭 키보키언입니다. '죽음의 의사'라 불리는 잭 키보키언은 100명이 넘는 환자들의 안락사를 도왔습니다. 이 때문에 잭은 의사 면허가 취소되고 법정에도 기소되었어요. 하지만 당시 미시간 주에는 안락사에 관한 처벌 조항이 없어 무혐의로 풀려났습니다. 그런데 지난 1998년 **루게릭병**을 앓고 있는 한 환자의 안락사 장면이 텔레비전 다큐멘터리 프로그램에서 방영되면서 큰 파문을 일으켰어요. 이 일로 다시 법정에 선 그는 2급 살인죄를 선고받아 8년 6개월 동안 징역을 살았습니다. 그는 가석방으로 감옥에서 풀려나는 대신 다시는 안락사를 수행하지 않겠다는 데 동의했지만, 2011년 사망하기 전까지 안락사의 합법화를 주장했습니다.

이러한 과정에서 안락사를 반대하는 단체들도 설립되었습니다. 안락사 반대 단체들은 장애인 운동가들과 종교 단체들 그리고 일부 의료 전

잭 키보키언은 안락사를 공개적으로 지지하며 100명 이상의 안락사를 적극적으로 도왔다. 잭 키보키언은 2급 살인죄로 유죄를 선고받고 징역을 살았다.

문가들의 지지를 받고 있어요. 이 단체들은 스스로를 '생존권(right to life)' 운동을 펼치는 단체로 표현합니다.

안락사 반대론자 중 일부는 안락사 지지 단체가 우생학 운동을 아직도 신봉하고 있다고 여깁니다. 안락사 반대론자들은 안락사 지지 단체가 개인의 선택권을 존중하는 단체라고 포장하고 있지만, 결국에는 과거 독일 나치처럼 안락사를 활용해 병자나 장애인같이 가족과 사회에 짐이 되는 이들의 죽음을 용인한다고 지적하지요. 일부 안락사 반대론자들은 안락사가 불치병에 걸린 환자들이 택하는 길 중 하나가 될 수도 있다는 점을 인정합니다. 하지만 안락사를 허용하는 기준이 조금씩 넓어져서 결국 미끄러운 비탈길에 빠질까 봐 두려워하고 있어요. 안락사 반대론자들은 가장 엄격한 시스템에서도 잭 키보키언처럼 의사들이 비윤리적으로 행동할 수 있으며, 안락사 운동을 추진하는 이들 중 일부가 살인 혐의로 기소되고 유죄를 선고받았다는 점을 논거로 제시하고 있어요.

안락사에 대한 여론

안락사에 대한 여론 조사는 여러 번 시행된 바 있습니다. 여론 조사에 따르면 사람들은 대부분 특정 조건하에서는 안락사를 지지하는 것으로 보입니다.

2002년 네덜란드에서 안락사 법이 발효되었을 때 시행된 여론 조사에서 네덜란드 인구의 80%에 달하는 사람들이 이 법안을 지지하는 것으로 나타났어요. 같은 시기인 2002년 벨기에서 안락사가 합법화되었을 때에도 벨기에 인구 72%가 특정 형태의 안락사를 지지했지요. 독일 여론 조사에서는 서독 인구 64%, 동독 인구 80%가 심각한 질병을 앓고 있는 환자들이 죽음을 선택할 수 있어야 한다고 답했어요. 프랑스에서도 여론 조사에 응답한 사람 중 84%가 안락사를 지지한다고 했습니다.

미국에서는 안락사를 지지하는 인구 비율이 상대적으로 낮습니다. 2006년 5월에 실시된 갤럽 여론조사는 다음과 같은 질문을 던졌습니다. "만약 불치병 환자와 그 가족이 안락사를 요청하는 경우 의사가 이를 도울 수 있도록 법적으로 허용해야 하는가?" 이 질문에 대하여 69%가 그렇다고 답변했고, 27%가 반대, 4%가 모르겠다고 답했어요. 단지 64%만이 환자가 자살할 때 의사가 도움을 줄 수 있어야 한다고 답했으며, 이에 반대하는 사람은 31%였습니다. 몇몇 여론 조사에서는 여전히

찬성 VS 반대

불치병 환자에게는 죽음을 선택할 수 있다는 사실 자체가 커다란 위안이다.

—쿠트 카위퍼르스 네덜란드 의사, 2001년

특정 상황에서 사람이 죽음을 택할 수도 있다고 말하는 것은 정의롭지 못하다. 이러한 주장은 미끄러운 비탈길로 이어질 수 있으며 죽고 싶어 하지 않은 이들에게도 영향을 미칠 수 있기 때문이다.

—레이철 허스트 장애인 이해의 실천 조직, 2002년

반수 이상이지만 더 낮은 비율의 사람들이 안락사를 찬성했어요. 테리 샤이보와 관련된 논란이 있었을 때(9쪽 참조) 시행된 여론 조사에서는 반수 이상이 인공 영양 공급을 멈추기로 한 남편의 결정을 지지했지요.

2007년 1월, 영국 사회 태도 여론 조사에서는 응답자 중 80%가 죽음을 원하는 불치병 환자를 의사가 적극적으로 도울 수 있도록 법이 바뀌어야 한다는 데에 지지를 표했습니다. 여론 조사에 참여한 사람 중 약 60%는 환자가 죽을 수 있도록 의사가 치사량의 약물을 처방할 수 있도록 해야 한다고 답했어요. 하지만 단지 44%만이 불치병에 걸린 환자의 가족이 환자가 죽을 수 있게 도움을 주는 것을 허용해야 한다고 응답했습니다. 또한, 33%만이 치료될 수 없지만 병세가 말기가 아닌 환자에게도 의사 조력 자살이 허용되어야 한다고 답했어요. 기본적 욕구 충족을 보호자에게 의지해야 하는 환자에게 안락사가 허용되어야 한다고 생각하는 사람은 25%도 되지 않았지요.

그러나 안락사 반대론자는 여론 조사 질문에 오해의 소지가 있으며, 어떤 질문이 제시되는지 그리고 어떤 답변이 요구되는지에 따라 그 결과가 크게 달라질 수 있다고 주장합니다. 이를테면 여론 조사에서 사람들에게 복잡한 문제에 관해 '예', '아니오'와 같은 단순한 답변만을 요구한다는 것이지요. 또한, 대중들이 언제나 사안과 관련된 복잡한 속사정까지 모두 이해하고 있는 것은 아니라는 거예요. 그래서 이들은 안락사와 같은 윤리적 문제들은 윤리적 타당성을 바탕으로 판단해야지 여론 조사 결과에 따라 결정해서는 안 된다고 주장합니다.

안락사에 대한 논의

21세기 들어 많은 국가에서 안락사에 대한 논의가 활발히 이루어지고 있습니다. 안락사 논쟁에서 언론은 매우 중요한 역할을 해 왔어요. 언론은 안락사 합법화 법안을 조명하는 한편 안락사에 대한 의료 전문가의 시각을 소개했지요. 또한, 안락사가 법제화된 국가에서 법안이 어떻게 적용되고 남용되는지도 분석했어요. 무엇보다 언론은 자신이나 가족을 위해 안락사를 요청한 사람들의 이야기를 대중에게 전해 주었습니다. 이러한 이야기들은 동정심과 혐오감을 동시에 불러일으키며 안락사와 조력 자살의 옳고 그름에 대한 매우 격앙된 논쟁을 불러일으켰습니다. 지난 몇 년간, 호주, 캐나다, 체코, 프랑스, 아일랜드, 이탈리아, 멕시코, 뉴질랜드, 폴란드, 스페인, 영국, 미국 등 수많은 국가에서 언론에서 시발된 안락사 논의가 활발히 진행되고 있어요.

하지만 안락사는 실제로 매우 소수의 사람에게만 직접적인 영향을 미치는 사안입니다. 안락사가 법적으로 허용된 국가에서도 매우 적은 수의 사람만이 안락사를 요청하며, 그 가운데에서도 실제 안락사를 시도하는 사람은 아주 소수에 불과합니다.

2005년 네덜란드에서 안락사로 죽음을 맞이한 사람은 2,325명에 이릅니다. 이 중에서 100건이 의사 조력 자살이며 환자의 명백한 요청 없이 환자의 삶이 끝난 경우가 550건입니다. 총 3만 3,700명의 환자가 진통제로 죽음을 맞이했으며, 2만 1,300명이 생명을 구할 수도 있었음에도 치료를 포기하고 죽음을 맞이했습니다. 2007년 미국 오리건 주에서 의사들은 죽음에 이르는 약물을 85건 처방했습니다. 이 처방을 받은 환자 가운데 46명이 죽었고, 26명은 원래 앓고 있던 질병으로 세상을 떠났으며, 13명은 그해 말까지 살아 있었어요.

안락사 찬성론자와 반대론자 사이에는 메워질 수 없는 간극이 계속해서 존재할 것입니다. 안락사 찬성론자는 죽음을 언제 어디서 맞이할 것인지 선택하는 권리가 환자들의 인권 가운데 하나라고 생각합니다. 이들에게 안락사는 선택 사항에 불과한 것이지요. 죽음에 대한 선택을 한 환자 중 대다수는 안락사 이전에 이미 세상을 떠나거나, 안락사를 실행에 옮기지 않습니다. 이 환자들에게는 안락사라는 행위 그 자체보다 선택할 수 있는 권리가 더 중요했던 것으로 보입니다.

안락사 반대론자에게 안락사는 삶에 대한 권리를 부정하는 행위입니

네덜란드 국회의원들이 조건부 안락사 합법화에 대한 투표를 준비하던 2001년 4월, 안락사 반대 시위자들이 네덜란드 국회 밖에서 집회를 열고 있다.

사례탐구 야누시 스위타쥬

　야누시 스위타쥬는 18세가 되던 해에 오토바이 사고로 척수가 끊어지는 심각한 부상을 입어 신체가 완전히 마비되었다. 혼수상태에 빠진 야누시는 인공호흡기로 간신히 생명을 유지할 수 있었다.

　혼수상태에서 깨어난 야누시는 32세가 되던 해인 2007년 2월에 삶을 끝내게 해 달라고 청원하는 편지를 폴란드 바르샤바 지방 법원에 보냈다. 야누시는 편지로 작은 아파트에서 자신을 끊임없이 보살펴 준 부모님과 인공호흡기 덕분에 목숨을 이어 가고 있는 자신의 처지를 설명했다. 또한 자신이 더 이상 삶을 살아갈 신체적, 정신적, 사회적, 경제적 기반을 찾을 수 없으므로 삶을 끝내고 싶다고도 말했다.

　폴란드에서 안락사는 불법이기 때문에 법원은 야누슈의 요청을 승인할 수 없었다. 야누시가 만약 인공호흡기를 달기 전에 혼수상태에서 깨어났다면 그리고 그가 당시에 의사에게 더 이상 치료를 받지 않겠다고 요청했더라면 법적으로 모든 것이 문제가 없었을 것이다. 그러나 일단 기계가 작동하기 시작한 이상 기계의 작동을 멈추고 야누시를 죽게 내버려 두는 것은 불법이었다.

　야누시의 편지는 언론으로부터 큰 주목을 받았다. 여론 조사에 참여한 사람 중 50%가 불치병으로 고통을 받는 이에게 안락사를 허용해야 한다고 답했고, 36%가 안락사에 반대했으며, 이 문제에 대해 관점을 밝히지 않은 이들이 14%였다. 가톨릭교회와 폴란드 정부가 안락사를 반대하는 가운데 인구의 90%가 가톨릭 신자인 폴란드에서 이러한 여론조사 결과가 나왔다는 것은 놀라운 일이었다.

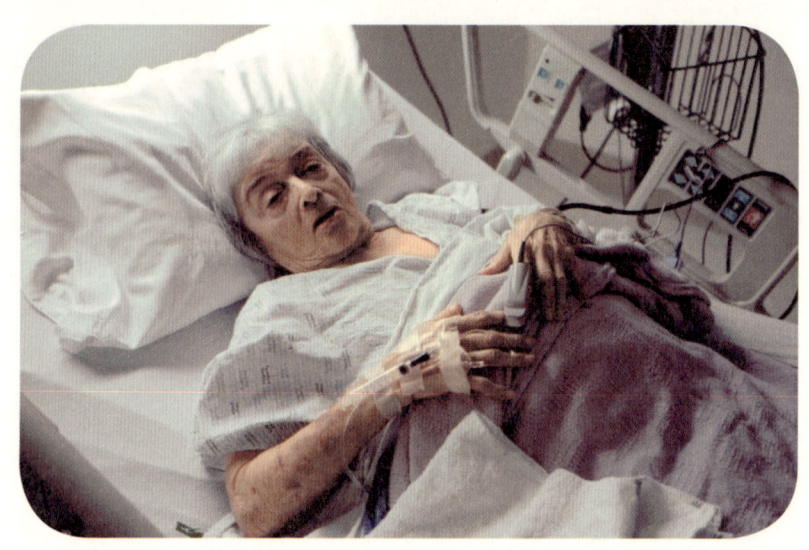

탈장 수술 후 회복 중인 이 여성은 나이가 많고 여전히 질병에 시달리고 있지만 여전히 자신의 삶이 의미 있다고 굳게 믿는다.

다. 이들은 효과적인 완화 치료법이 있는 상황에서는 안락사를 선택 사항으로 고려해서는 안 된다고 생각합니다. 또한, 안락사 자체가 의사가 환자의 생명을 살리기 위해 노력해야 한다는 기본적인 의료 윤리에 반한다고 주장하고 있어요. 반대론자들은 안락사가 남용되기 쉬우며 장애인이나 노인 등 사회적으로 가장 취약한 사람들을 대상으로 불리하게 적용될 것이라고 말합니다.

양측이 격렬한 논쟁을 펼치지만 많은 이들이 안락사에 대해 여전히 모호하고 불편한 감정을 느낍니다. 이는 2007년 영국 사회 태도 여론 조사(102쪽 참조)가 가장 잘 보여주고 있어요. 찬반 입장이 극명한 안락사 찬반론자와 달리 일반 대중은 이 사안에 대한 뚜렷한 인식이 부족합니다. 따라서 안락사에 대한 논의는 앞으로도 수년 동안 계속될 것으로 보입니다.

간추려 보기

- 언론은 안락사 논쟁에서 중요한 역할을 하고 있다.
- 여론 조사에 따르면 사람들 다수가 특정 조건을 충족할 때 안락사를 허용하는 법제화에는 찬성한다. 안락사를 흑백으로 명백히 나눌 문제라고 생각하는 사람은 많지 않다.

용어 설명

기대 수명 출생자가 출생 직후부터 생존할 것으로 기대되는 평균 생존 연수. 평균 생존 연수이므로 생명을 다해 살다가 죽는 경우만을 대상으로 하며 자살이나 교통사고로 인한 생존 기간은 평균치 계산에 포함하지 않는다.

기소 검사가 특정한 형사 사건에 대하여 법원에 심판을 요구하는 일.

나치 정식 명칭은 '국가 사회주의 독일 노동자당'임. 나치는 정치 라이벌이 국가 사회주의 독일 노동자당을 얕잡아 부른 명칭이었으나, 오늘날에는 이 말이 전 세계의 통칭이 되었다.

루게릭병 알츠하이머병, 파킨슨병과 더불어 전신 근육 마비와 위축을 보이는 대표적 신경계 퇴행성 질환. 발병 원인이 명확하지 않고 구체적인 증세가 나타나기 전까지는 진단 확정이 매우 어렵다. 보통 호르몬 이상, 신경 성장 인자 부족, 바이러스 감염, 환경오염에 의한 중금속 축적, 21번 염색체의 유전자 돌연변이 등을 루게릭병의 원인으로 추측하고 있지만, 한 가지의 원인보다는 여러 가지 원인의 상호 작용에 의해 나타나는 것으로 보고 있다.

매개자 둘 사이에서 양편의 관계를 맺어 주는 사람이나 물건. 또는 그런 일을 직업으로 하는 사람.

면역력 감염에 저항하거나 극복하는 능력.

면책 행동에 처벌이나 결과가 따르지 않음.

미끄러운 비탈길 이론 인과 관계와 관련된 논증 오류. A와 B가 인과적으로 연결되어 있을 수는 있지만, 원인과 결과 사이에 너무 많은 변수들이 존재할 때 미끄러운 비탈길 이론이라고 부른다. 대체로 환경 문제나 생명 윤리와 관련된 논의에서 자주 등장한다.

법제화 법률로 정하여 놓는 것.

불치병 고치지 못하는 병.

사전의료의향서 무의미한 연명 치료 의향 여부를 사전에 작성한 서류. 이전에는 생전 유언 또는 사전의료지시서로도 불렸다.

사회 시스템 교육, 의료, 교통, 정보 따위의 사회적 요청을 충족하기 위하여 마련된 구조.

식물인간 상태(PVS, Persistent vegetative state) 대뇌의 손상으로 의식과 운동 기능은 상실되었으나 호흡과 소화, 흡수, 순환 따위의 기능은 유지하고 있는 상태.

안락사 극심한 고통을 받고 있는 불치의 환자에 대하여, 본인 또는 가족의 요구에 따라 고통이 적은 방법으로 생명을 단축하는 행위. 위법성에 관한 법적 문제가 야기되는 경우가 있다.

알츠하이머병 원인을 알 수 없는 뚜렷한 뇌 위축으로 기억력과 시간, 장소, 상황이나 환경 따위를 올바로 인식하는 능력이 감퇴하는 병. 노인성 치매와 거의 같은 뜻으로 쓰인다.

엑시트 인터내셔널(Exit International) 자발적 안락사의 대부로 알려진 의사 필립 니츠케가 설립한 호주의 안락사 옹호 단체.

연명 목숨을 겨우 이어 살아감.

완화 치료 환자의 상태를 호전시키지는 않지만 환자가 겪는 고통을 비롯한 불편한 상태를 없애거나 줄이는 처치.

우생학 유전 법칙을 응용해서 인간 종족의 개선을 연구하는 학문. 유전학의 한 분야로, 1883년에 영국의 유전학자 골턴이 제창하였다. 인류의 유전적 소질을 향상시키고 감퇴시키는 사회적 요인을 연구하여 유전적 소질의 개선을 꾀한다.

유럽인권재판소 유럽인권조약에 따라 설립한 인권에 관한 재판소. 유럽인권재판소에서는 인권위원회 및 조약 당사국의 제소를 인정한다. 유럽인권재판소는 서유럽 국가들에만 국한되어 있지만 법적 구속력이 있고 제한된 범위에서나마 인권 침해를 당한 개인에게 국제적 절차에 의한 제소를 인정하고 있다.

의료 윤리 의학적 행위에 관한 원칙 및 도덕 윤리.

자살 방조 다른 사람을 꾀어 자살하게 하거나 자살하는 것을 돕는 것.

자율성 자기 스스로의 원칙에 따라 어떤 일을 하거나 자기 스스로 자신을 통제하여 절제하는 성질이나 특성.

조산사 해산을 돕거나 임산부와 신생아를 돌보는 일을 하는 사람.

조산아 달을 다 채우지 못하고 태어난 아

이. 보통 29주에서 38주 안에 태어난 아이를 가리킨다.

존엄성 감히 범할 수 없는 높고 엄숙한 성질.

최소 의식 상태(MCS, Minimally conscious state) 환자가 뇌에 손상을 입었지만 의식을 유지하고 있으며 회복 가능성이 있을 수 있는 상태.

치매 대뇌 신경 세포의 손상 따위로 말미암아 지능, 의지, 기억 따위가 지속적·본질적으로 상실되는 병. 주로 노인에게 나타난다.

킹제임스 성경 영국 스튜어트 왕조의 왕(재위 1567~1625)인 제임스 1세의 명령으로 만들어진 영어 성경. 제임스 1세가 1604년 국교회의 예배에 사용할 수 있는 표준 성경을 영어로 만들라고 지시하여 1611년에 간행되었다. 19세기 말까지 영국 국교회에서 사용된 유일한 공식 영어 성경이며, 오늘날까지도 널리 사용되고 있다.

토착민 특정 지역에서 다른 이들이 정착하기 전부터 거주하던 부족 집단.

퇴행성 생물체의 기관이나 조직이 퇴행적으로 변화는 성질.

파킨슨병 사지와 몸이 떨리고 경직되는 중추 신경 계통의 퇴행병. 머리를 앞으로 내밀고 몸통과 무릎이 굽은 자세와 작은 보폭의 독특한 보행을 보이며 얼굴이 가면 같은 표정으로 바뀐다. 대뇌의 신경 전달 물질인 도파민이 줄어들어 일어나며, 연령이 높을수록 발생 빈도가 높다. 1817년에 영국의 병리학자 파킨슨(Parkinson, J.)이 보고하였다.

혼수상태 의식을 잃고 인사불성이 되는 일. 의식 장애 가운데 가장 심한 것으로, 부르거나 뒤흔들어 깨워도 정신을 차릴 수 없고 외계의 자극에 대한 반응이나 반사 작용도 거의 없다.

연표

1942년 조력 자살이 일어났을 때 동기가 이기적인 경우에만 범죄임을 선언하는 스위스 형법 115항이 발효되었다.

1980년대 스위스 취리히의 자발적 안락사 지원 전문 병원 디그니타스에서는 안락사 관광을 온 외국인을 포함한 불치병 환자에게 조력 자살을 지원하기 시작했다.

1996년 오스트레일리아 노던 주에서 안락사를 법적으로 허용했다가 이듬해 폐지했다.

1997년 미국 오리건 주에서 존엄사 법이 통과되어 특정 조건에서 안락사를 허용했다

1999년 알바니아에서 불치병 환자에 대한 안락사가 법적으로 허용되었다.

2001년 네덜란드에서 의사가 적법한 절차에 따를 경우 불치병 환자의 죽음에 도움을 주더라도 기소되지 않음을 선언하는 새로운 법안이 통과되었다.

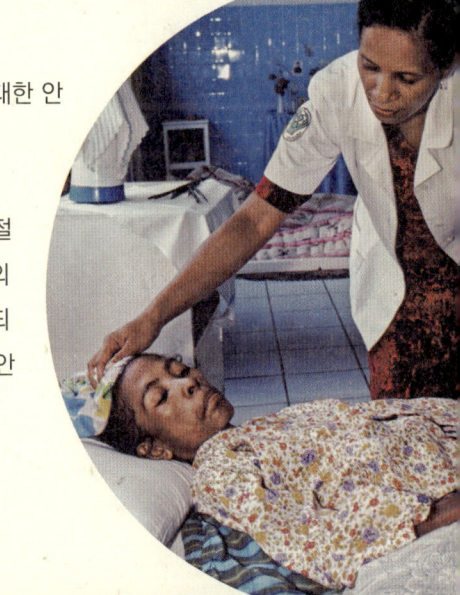

2002년	벨기에에서 엄격한 조건 아래 안락사를 합법화했다.
2007년	태국에서 제한된 형태의 안락사를 법제화했다.
2008년	룩셈부르크에서 안락사를 합법화했다.

더 알아보기

우리나라 사례

2009년 5월 대법원이 무의미한 연명치료 장치 제거를 인정하는 판결을 두고 안락사 인정 여부에 대한 논란이 있었습니다. 하지만 실제 대법원에서는 안락사라는 단어는 배제한 채, '무의미한 연명치료 중단'이라고만 기재하였지요. 대법원은 "죽음을 맞이하려는 환자의 의사결정을 존중해 환자의 인간으로서의 존엄과 가치 및 행복추구권을 보호하는 것이 사회상규에 부합되고 헌법 정신에도 어긋나지 않는다."며 "회복 불가능한 사망단계에 이른 후에 인간으로서의 존엄과 가치 및 행복추구권에 기초해 자기결정권을 행사하는 것으로 인정되는 경우 특별한 사정이 없는 한 연명치료의 중단이 허용될 수 있다"고 판단했습니다.

⊙ 법원이 인정한 연명치료 중단의 요건
(대법원 2009.05.21 선고 2009다17417 전원합의체 판결 참고)

법원이 판결문으로 인정한 연명치료 중단의 요건은 다음과 같습니다. 우선 회생 가능성이 없는 객관적 판단이 있어야 하며 둘째 환자의 일시적 판단이 아닌 진지하고 합리적인 치료중단 의사가 인정되고 셋째 환자의 고통 완화와 일상적 치료 중단이 아닌, 사망과정의 연장이어야 하며 마지막으로 치료중단은 반드시 의사에 의해 시행돼야 하는 요건을 충족해야 합니다.

찾아보기

ㄱ
가톨릭교회 22-25, 35, 78-79, 107
결과주의 31-33, 35, 37, 45
기독교 22
기소 72, 92, 99, 100

ㄴ
나치 42, 77, 79, 98, 100
네덜란드 40, 52-55, 60, 87, 89, 100, 101, 103-104
노엘 마틴 17
노인 23-24, 38, 41, 43-44, 64-65
뇌 손상 8

ㄷ
다발성 경화증 90
다운 증후군 81-82
독일 77-78, 98, 100-101
동의 12, 15-16, 30, 36, 41-43, 55, 87, 99
디그니타스 병원 17, 54, 59, 97

ㄹ
러시아 51
루게릭병 99

ㅁ
매개자 41
면책 55, 92
미국 8-9, 11, 32, 53, 60, 63, 66, 71, 89, 98, 101, 103-104
미국 오리건 주 44, 53, 55, 60, 89, 104
미끄러운 비탈길 이론 41-43, 45, 92, 100-101

ㅂ
법제화 40, 53, 103
벨기에 53, 61, 101
불치병 10, 15, 18, 24, 35, 37, 41, 45, 51-55, 57, 80, 90, 92, 94, 100-102, 107
비자발적 안락사 16, 20

ㅅ
사전의료의향서 40, 56
사회 시스템 43
살인 17-20, 42, 52, 59, 78, 91, 99
생명 유지 장치 9, 56, 72
생명 중시 34-35
생존권 운동 100
선택 중시 36
소극적 안락사 16-17, 22
슈테판 레테르 41
스위스 53, 59, 98
식물인간 상태 8-9, 11-12, 37, 39, 57, 69-72, 89
심리 검사 20, 44
심장 질환 87
심폐소생술 9, 16, 33, 38-39, 56, 81, 83

ㅇ
알츠하이머병 59
암 44, 87, 89-90
언론 9-10, 43, 59, 103, 107
여론 조사 100-102, 107

영양 공급 호스 10–11, 71
엑시트 인터내셔널 59
연명 8, 10
영국 20, 41, 52, 67, 72, 83, 92–93, 103, 105
완화 치료 87–89, 90–91, 94, 105
요양소 10, 64, 88, 93
우생학 97–87, 100
운동 신경 질환 90, 92
유럽인권재판소 93
유산 18, 58
윤리위원회 32
의료 서비스 84
의료 윤리 29, 31, 34–35, 43, 49, 52, 55, 89, 105
의무론 31–32, 34–35, 37, 41
의사 조력 자살 16, 39, 44, 53, 89, 102–103
이누이트족 23–25
이슬람 22
이중결과의 원리 36
인공영양 공급 102

인공호흡기 8, 17, 83, 106–107

ㅈ
자발적 안락사 15, 20
자비 중시 34–35
자살 방조 25, 91
자율성 30, 33, 36, 50, 55–56, 91, 98
잭 키보키언 98, 100
적극적 안락사 16–18
전염병 87
조산사 66
조산아 66–68
존엄사 법 44, 53
존엄성 30, 33, 35, 55–56, 70, 91, 98
집단 학살 42–43
집중 치료 67–68

ㅊ
최소 의식 상태 69–71
치매 38

ㅋ
캐나다 25, 103
킹제임스 성경 63

ㅌ
테리 샤이보 9–11, 57–58, 102,
토니 블렌드 57, 71–72
토착민 23
퇴행성 37, 90, 92

ㅍ
프랑스 93, 101, 103

ㅎ
호흡 보조기구 83
혼수상태 9, 12, 69, 106–107

A~Z
T-4 작전 77–80

내인생의책은 한 권의 책을 만들 때마다
우리 아이들이 나중에 자라 이 책이 '내 인생의 책'이라고 말할 수 있는 책을 만들고자 합니다.

세상에 대하여 우리가 더 잘 알아야 할 교양

21 안락사 허용해야 할까? (원제: Euthanasia)

케이 스티어만 글 | 장희재 옮김 | 권복규 감수

초판 인쇄일 2013년 2월 28일 | 초판 발행일 2013년 3월 12일
펴낸이 조기룡 | 펴낸곳 내인생의책 | 등록번호 제10-2315호
주소 서울시 마포구 망원동 385-39 3층 (우)121-821
전화 (02)335-0449, 335-0445(편집) | 팩스 (02)6499-1165
전자우편 bookinmylife@naver.com | 카페 http://cafe.naver.com/thebookinmylife
편집주간 한소원 | 편집장 이은아 | 책임편집 강길주 | 편집 김지연 황윤진 손유진 조일현
디자인 이자현 한은경 심재원 | 마케팅 김상석

이 책의 한국어판 저작권은 Imprima Korea Agency를 통해
Hodder and Stoughton Limited와의 독점 계약으로 **내인생의책**에 있습니다.
저작권법에 의해 한국 내에서 보호를 받는 저작물이므로 무단전재와 무단복제를 금합니다.

ISBN 978-89-97980-25-3 44300
ISBN 978-89-91813-19-9 44300(세트)

Euthanasia
Copyright ⓒ 2009
Published by arrangement with Hodder and Stoughton Limited
on behalf of Wayland, a division of Hachette Children's Books
All rights reserved.

Korean Translation Copyright ⓒ 2013 by TheBookInMyLife Publishing Co
Korean edition is published by arrangement with Hodder and Stoughton Limited
through Imprima Korea Agency

책값은 뒤표지에 있습니다. 잘못된 책은 구입처에서 바꾸어 드립니다.

이 도서의 국립중앙도서관 출판시도서목록(CIP)은 서지정보유통지원시스템 홈페이지(http://seoji.nl.go.kr)와
국가자료공동목록시스템(http://www.nl.go.kr/kolisnet)에서 이용하실 수 있습니다.(CIP제어번호: CIP2013000940)

책은 나무를 베어 만든 종이로 만듭니다.
그래서 원고는 나무의 생명과 맞바꿀 만한 가치가 있어야 합니다.
그림책이든 문학, 비문학이든 원고 형식은 가리지 않습니다.
여러분의 소중한 원고를 bookinmylife@naver.com으로 보내주시면
정성을 다해 좋은 책으로 만들겠습니다.

디베이트 월드 이슈 시리즈

세상에 대하여 우리가 더 잘 알아야 할 교양

전국사회교사모임 선생님들이 번역한 신개념 아동·청소년 인문교양서!

《디베이트 월드 이슈 시리즈 세더잘》은 우리 아이들에게 편견에 둘러싸인 세계 흐름에서 벗어나 보다 더 적확한 정보와 지식을 제공합니다. 모두가 'A는 B이다.'라고 믿는 사실이, 'A는 B만이 아니라, C나 D일 수도 있다.'는 것을 알려 주면서 아이들이 또 다른 진실을 발견하도록 안내합니다.

- 전국사회교사모임 추천도서 ● 문화체육관광부 우수교양도서 ● 한국간행물윤리위원회 청소년 권장도서 ● 서울시교육청 추천도서 ● 보건복지부 우수건강도서 ● 아침독서 추천도서 ● 대교눈높이창의독서 선정도서 ● 학교도서관저널 추천도서

세더잘 20
피임 과연 이로울까?
재키 베일리 글 | 장선하 옮김 | 김호연 감수

태아는 태어날 권리가 있다.
vs 피임은 인간다운 삶의 필요조건이다.

피임과 인구 문제는 서로 어떤 연관성이 있을까요? 중국의 '한 자녀 정책'과 같은 국가 차원에서의 피임 정책이 인구 증가를 잡는 해결책이 될 수 있을까요? 출산율을 잡으려다 자칫 태아의 생명권만을 침해하는 건 아닐까요? 일반적인 청소년 교양서들이 피임과 인구 문제를 분리해서 다루는 데 비해 이 책은 두 주제 간에 통합적인 사고를 이끌어 내는 게 특징입니다.

세더잘 19
유전 공학 과연 이로울까?
피트 무어 글 | 서종기 옮김 | 이준호 감수

유전 공학 기술의 발전과 활용은 반드시 필요하다.
vs 생물의 기본 구성 요소를 건드리는 것은 위험한 일이다.

인류는 인간의 삶에 유용하도록 동식물의 유전자를 변형시켜 왔습니다. 복제 양 돌리가 탄생하고 우유를 많이 생산해 내는 젖소와 육질이 풍부한 소는 물론 털이 빨리 자라는 양과 병해충과 농약에 강한 농작물 등이 바로 그 결과물입니다. 유전 공학의 발전으로 생명 연장의 길이 열리게 되었다고 열광하는 사람들도 있습니다. 이처럼 날로 발전하는 유전 공학의 기술이 과연 인간에게 이로운 것인지에 대해 함께 토론해 봅시다.

세더잘 18
낙태 금지해야 할까?
재키 베일리 글 | 정여진 옮김 | 양현아 감수

낙태는 개인의 선택에 맡겨야 한다.
vs 국가가 규제하고 제한해야 한다.

낙태는 금지되어야 할까, 아니면 허용해야 할까? 만약 허용한다면 어디까지 허용해야 할까? 이와 같은 낙태에 대한 논쟁은 아주 오래전부터 끊임없이 지속되어 왔습니다. 낙태는 아이를 가진 여성 개인의 문제만이 아닌 태아를 하나의 인격체로 봐야 하는지 아닌지에 대한 부분까지 고려해야 하는 결코 쉽지 않은 주제입니다.

세더잘 17
프라이버시와 감시 자유냐, 안전이냐?
캐스 센커 글 | 이주만 옮김 | 홍성수 감수

**프라이버시는 인간의 본질적 권리로 우리 모두가 지켜 나가야 한다.
vs 개인 PR의 시대, 자신의 프라이버시를 얼마큼 보호하느냐는 각자가 선택할 사항이다.**

거리 곳곳에는 CCTV가 넘쳐나고, 생체 정보로 신원을 확인하고, 인터넷을 쓰려면 사이트마다 개인 정보를 입력해야 하는 등 프라이버시 침해와 일상적인 감시가 만연한 시대가 되었습니다. 범죄 예방 등 공동체의 안전을 담보하고 정보화 시대의 편익을 누리면서도 기본적 인권인 프라이버시를 어떻게 지켜 낼 수 있을지 생각해 봅니다.

세더잘 16
소셜네트워크 어떻게 바라볼까?
로리 하일 글 | 강인규 옮김

**소셜 네트워크는 표현의 자유를 확장할 것이다.
vs 사생활 침해를 증가시킬 것이다.**

페이스북이나 트위터와 같은 소셜 네트워크는 우리가 더 빠르고 빈번하게 소식을 주고받도록 도와줍니다. 아이티 북부에 지진이 발생했을 때도, 허리케인이 미국을 강타했을 때도, 이 소식을 가장 먼저 전했던 것은 바로 SNS였습니다. 하지만 역기능도 만만치 않습니다. 소셜 네트워크는 우리 생활을 어떻게 바꾸고 있을까요?

세더잘 15
인권 인간은 어떤 권리를 가질까?
은우근, 조셉 해리스 글 | 전국사회교사모임 옮김

**인권은 모든 지역, 모든 사람에게 동등하게 적용되어야 한다
vs 인권의 잣대를 일률적으로 들이대선 안 된다**

신문을 펼치면 연일 보도되는 비정규직 문제, 주택 문제, 성 폭력, 학교 폭력, 이주민 문제 등 인간사 모든 것이 인권과 관련되어 있습니다. 이 책은 인권 개념의 발견에서부터 하나하나의 구체적 권리를 세우기까지 인권 발전의 역사를 통해 인권의 이론과 실제를 한눈에 살피고 인권감수성을 키워 줍니다.

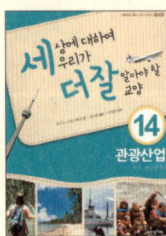

세더잘 14
관광산업 지속 가능할까?
루이스 스펠스베리 글 | 정다워 옮김 | 이영관 감수

**관광산업은 일자리를 창출하고, 국가 경제에 큰 도움이 된다.
vs 관광산업은 자연을 훼손하고, 현지인의 전통적 삶의 방식을 파괴한다.**

관광산업이 커지면서 사람들은 경제가 발전하고 다른 문화에 대한 접근성이 높아지는 이점을 누리게 되었습니다. 한편, 관광산업 노동자들의 근로 환경이 오히려 열악해지거나 자연이 훼손되는 부작용도 생겨났습니다. 이러한 문제들을 극복하기 위한 관광이 바로 지속 가능한 관광입니다. 책임관광, 공정여행이라고도 불리는 지속 가능한 관광을 다양한 관점에서 성찰해 봅니다.

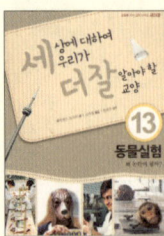

세더잘 13
동물실험 왜 논란이 될까?
페이션스 코스터 글 | 김기철 옮김 | 한진수 감수

**동물실험은 과학과 의학의 진보를 위해 반드시 필요하다.
vs 동물실험은 무의미하게 생명을 죽이므로 폐지해야 한다.**

동물실험은 새로이 개발된 의약품이나 화학물질 등을 시판하기 전, 그 안전성을 검증하기 위해서 거치는 과정입니다. 인류는 수많은 동물의 희생으로 건강한 삶을 얻었습니다. 그러나 그 희생이 과연 윤리적으로 합당한지는 생각해 볼 문제입니다. 첨예한 논란을 일으키는 동물실험의 찬반양론을 명쾌하게 정리한 이 책을 읽고 과학 윤리에 대해 생각해 봅시다.

세상에 대하여 우리가 더 잘 알아야 할 교양

세더잘 12
군사 개입 과연 최선인가?
케이 스티어만 글 | 이찬 옮김 | 김재명 감수

군사 개입은 인권 보호를 위해 필요하다.
vs 군사 개입은 다른 나라의 주권을 침해할 뿐이다.

군사 개입은 세계에서 가장 논란이 되는 문제 중 하나입니다. 군사 개입으로 인해 사람이 죽고 공동체가 파괴되기 때문이지요. 폭력을 막기 위해 또 다른 폭력을 사용해도 될까요? 전쟁에 시달리고 있는 지구촌이 평화를 되찾는 법은 없을까요? 이 책은 국제 사회의 뜨거운 감자, 군사 개입을 다루며 지구촌 폭력과 평화에 대해 폭넓게 성찰하게 합니다.

세더잘 11
사형제도 과연 필요한가?
케이 스티어만 글 | 김혜영 옮김 | 박미숙 감수

사형은 국가가 행하는 합법적인 살인이므로 폐지되어야 한다.
vs 사형은 범죄를 억제하는 가장 효과적인 방법이므로 존치시켜야 한다.

사형제도 존폐를 둘러싼 팽팽한 논쟁은 지금도 이어지고 있습니다. 이 책은 사형제도 존폐론 외에도 사형 집행의 과정을 생생한 사례와 구체적인 논거로 철저히 분석합니다. 과연 사형에서 공정한 집행이 이루어지고 있는지, 오류는 없는지 등을 포함해, 사형제도를 둘러싼 국제적 이슈를 담아냈습니다. 이 책을 읽고 사형제도에 대한 자신만의 생각을 정립해 봅시다.

세더잘 10
성형수술 외모지상주의의 끝은?
케이 스티어만 글 | 김아림 옮김 | 황상민 감수

미용 성형 산업을 객관적인 시선으로 바라보도록 도와주어
현대 사회에 대한 근본적인 물음을 던지게 하는 책

성형 수술의 역사, 의미, 효과, 역사적 배경, 성형 산업의 현실 등을 상세하게 설명해 미용 성형에 대해 스스로 생각하고 합리적으로 판단할 수 있는 힘을 길러줍니다. 마땅히 '수정되어야 할 몸'에 대한 끊임없는 강박과 열등감이 만연한 현대 사회를 어떻게 바라봐야 할지 다시 한 번 깊이 생각하게 해 줄 것입니다.

세더잘 09
자연재해 인간과 자연이 공존하는 길은?
안토니 메이슨 글 | 선세갑 옮김

자연재해에 관한 사회·과학 통합서
'자연 대 인간'에서 '자연과 인간'으로!

이 책은 자연재해의 유형과 원인을 과학 원리로 설명하고, 피해자 구조나 복구 과정, 방재 대책 등에 관해 체계적으로 살펴봅니다. 또한 자연재해의 이면에 숨어 있는 정치·경제적인 논의와 함께 인간의 무분별한 행태가 재해를 부추기는 면도 지적하며 인문학적인 성찰을 유도합니다.

세더잘 08
미디어의 힘 견제해야 할까?
데이비드 애보트 글 | 이윤진 옮김 | 안광복 추천

미디어는 규제받아야 한다. vs 미디어는 자유로워야 한다.

오늘날 제4의 권력이라고 불릴 정도로 강력해진 미디어의 힘에 대해 알아봅니다. 미디어를 지탱하는 언론 자유와 그 힘을 통제하려는 정부의 규제 사이에 벌어지는 논쟁에 대한 다양한 관점을 제시하고, 미래의 미디어가 나아가야 할 방향에 대해서 생각해 보도록 돕습니다.

세더잘 07
에너지 위기 어디까지 왔나?
이완 맥레쉬 글 | 박미용 옮김

**지구 온난화, 전쟁과 테러, 허리케인…
이 모든 것은 에너지 위기에서 비롯되었다!**

우리는 에너지 없는 세상에서 하루도 살 수 없습니다. 하지만 현재 속도로 에너지를 소비한다면 앞으로 40년 이내에 주에너지원인 석유가 고갈될 것입니다. 이 책은 에너지 위기가 불러올 정치, 사회, 경제, 환경의 변화를 알아보고, 무엇이 화석연료를 대신할 차세대 에너지원이 될지 꼼꼼히 따져 봅니다.

세더잘 06
자본주의 왜 변할까?
데이비드 다우닝 글 | 김영배 옮김 | 전국사회교사모임 감수

인류를 위한 가장 바람직한 자본주의의 변화상은 무엇인가?

자본주의의 역사와 발전상에 대해 알아보면서 자본주의라는 경제 체제가 인류를 위해 어떻게 복무했는지, 문제가 발생하면 그때마다 인류에게 봉사하기 위해 어떤 모습으로 변신했는지에 대해 알아냅니다. 이를 통해 논쟁이 끊이지 않는 21세기의 자본주의가 어떻게 변해야 할지에 대해 생각해 보도록 합니다.

세더잘 05
비만 왜 사회문제가 될까?
콜린 힌슨, 김종덕 글 | 전국사회교사모임 옮김

**왜 지구 한쪽에서는 굶어 죽는데,
다른 한쪽에서는 비만으로 죽는 걸까?**

이 책은 이러한 역설에서 출발합니다. 오늘 '비만'이 왜 사회 문제가 되었는지 역사적, 문화적 관점에서 살피고 선진국과 개발도상국에서 나타나는 비만 문제의 양상과 그 속에 숨은 식품산업의 어두운 그림자, 나아가 전 세계적 차원의 식량 문제로까지 사고의 범위를 넓혀 줍니다.

세더잘 04
이주 왜 고국을 떠날까?
루스 윌슨 글 | 전국사회교사모임 옮김 | 설동훈 감수

지구촌 다문화 시대의 국제 이주 바로 알기

오늘날 국제 사회와 다문화, 다민족 사회를 이해하기 위해 꼭 알아야 할 '이주'에 관한 책. 왜 사람들은 이주를 선택하거나 강요받는지에 대한 다양한 관점을 제시하고, 또 이에 대한 정부의 정책과 국제기구의 활동도 알려 줍니다.

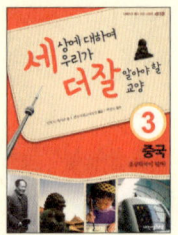

세더잘 03
중국 초강대국이 될까?
안토니 메이슨 글 | 전국사회교사모임 옮김 | 백승도 감수

세계 초강대국으로 떠오르고 있는 중국 바로 알기

우리나라는 정치·경제적으로 중국과 더욱 긴밀한 관계를 맺고 있습니다. 가까운 미래에 중국의 영향력은 더 커질 것이기에 중국을 제대로 이해해야 합니다. 이 책은 객관적 시선으로 중국을 편견 없이 바라보도록 돕습니다.